Official Ball of the
European Championship
1992
PLAY

HARRY VALÉRIEN

FUSSBALL EM '92 SCHWEDEN

Redaktion
Christian Zentner

SÜDWEST

Der Triumph des Kleinen über den Großen, des Außenseiters über den Favoriten ist ein altes Motiv in religiösen Überlieferungen, in Mythen und Märchen der Völker: wie die Geschichte vom kleinen David, der den großen Goliath bezwang, oder die Geschichte vom häßlichen Entlein, das sich zum Schwan mauserte. Wie ein Märchen von Hans-Christian Andersen mutet auch die »Story« der Dänen an, die als »Nachrücker« für die kriegsbedingt gesperrten Jugoslawen aus dem Urlaub geholt wurden und den Titel eroberten. Mit 2:0 besiegten die »Südländer Skandinaviens« (Vogts) im Finale im Göteborger Ullevi-Stadion Weltmeister Deutschland und sorgten damit für den sensationellen Abschluß der IX. Fußball-Europameisterschaft, nachdem sie zuvor schon den Titelverteidiger Niederlande und den heimlichen Titelanwärter Frankreich ausgeschaltet hatten. Englands Fußball-Idol Jack Charlton, der (wie die meisten) auf die Deutschen gesetzt hatte: »Für den Fußball ist Dänemarks Sieg besser. Jetzt muß man überall umdenken – nicht nur in Deutschland.«

RIJKAARD
BERGKAMP
GULLIT

Inhalts-verzeichnis

Der Ball ist rund.

In Schwedens Sonne glänzten die Farben bei der EM '92. Knallgelbe Girls eröffneten den Reigen; Plakate und geschminkte Fans in Blau-Gelb, Blau-Weiß-Rot und Schwarz-Rot-Gold, und, last, not least, der farbige Engländer Tony Daley mit seinem Irokesen-Look belebten die Szene. Am Ende hatten die »alten Kameraden« und Weltmeister von 1974, Bundestrainer Berti Vogts und Torwarttrainer Sepp Maier, nicht mehr ganz so gut Lachen wie bei ihren Dehn-Übungen: Die Dänen in Rot und Weiß, die zuvor den Orange gewandeten Titelverteidiger nach Hause schickten, machten mit ihrem Finalsieg über den Weltmeister die Sensation perfekt und sind der neue Europameister!

VÄSTERÅS
HÄSSLER
8
EUROCARD

Auch Thomas Häßler schrieb ein Kapitel in der unendlichen Geschichte der Kleinen, die es zu überragender Größe bringen, und das geht so: Es war einmal ein kleiner Junge, der konnte so gut mit dem Ball umgehen, daß alle seine Freunde ihn nur Diego riefen, gerade so wie Maradona; doch der kleine Junge wollte nicht Diego sein, »ick bin icke«, gab er seinen Freunden Bescheid, bis sie ihn nur noch Icke riefen. Er wuchs auf in Berlin und ging über Köln in die weite Welt, um zu zeigen, »daß unter den besten Fußballern auch ein kleiner Mann wie ich Fuß fassen kann«. Und so geschah es, daß die Experten sagten, daß Icke der beste Fußballer bei der EM war, daß keiner so wie er den Ball streicheln kann, daß seine Freistöße so wunderbar sind, daß sie über Mauern hinweg den Weg ins Tor finden (wie auf dem Bild im Spiel gegen die Schweden), und daß Icke mit seinen Einssechsund-sechzig überhaupt der Größte ist . . .

Aus dem Strandkorb zum Jahrhundert-Sieg

»Bester Spieler des Turniers«: Häßler.

Endlich die beste Formation gefunden; Taktik und Spielsystem bis ins Kleinste festgelegt; keine Klagen über Verletzungen; keine Unterschätzung des Gegners und klar die Marschroute: die Dänen sofort unter Druck setzen, einengen, jagen, nie zur Entfaltung kommen lassen, ihnen den Atem nehmen, bis der Erfolg sicher ist. Häßler, fügt Berti Vogts hinzu, ist im Moment sowieso nicht auszuschalten. Wenn Laudrup kommt, nimmt Reuter ihn auf der rechten Seite, links steht Brehme. Die Stürmer werden flach angespielt, dringen mit Dribblings schnell in den Strafraum vor und müssen den Angriff gleich abschließen ...

■ Titelkampf statt Küchen-Arbeit

Nicht nur der Himmel weiß, warum das Ende völlig anders aussah. Wer's nicht erlebte, dem kann man's glaubhaft kaum beschreiben. Großmutter sagte einst: Wenn du nicht weißt, ob du träumst oder phantasierst, pack' dich an der Nase, zwick' dich in den Po oder stell dir vor dem Spiegel die Frage: Bin das wirklich ich? Heraus kommt immer die Wahrheit. Wie recht die Oma hatte! Ernsthaft glauben mochten das nur wenige, was sich im Göteborger Ullevi-Stadion ereignete. Als Ersatz rutschten die Dänen für das ausgeschlossene Jugoslawien ins Turnier (nach UNO-Entscheid, dem sich FIFA und UEFA anschlossen). Als Zweiter der Qualifikationsrunde durfte Dänemark in letzter Minute den freigewordenen Platz einnehmen. Mit und ohne Familien hatten die jungen Herren bereits ihren Urlaub angetreten, oder zumindest fertige Pläne dafür auf dem Tisch. Coach Richard Möller-Nielsen wollte bei sich eine neue Küche einbauen und aufarbeiten, was lange liegengeblieben war. Und nun der unerwartete Ruf, mit Roß und Reiter kurzerhand nach Schweden zu reisen. Ohne sonderliche Tests, ohne ergiebiges Trainingslager. Zu verlieren gab's da nicht viel. Rein ins Turnier und zusehen, was mit eigener Fertigkeit und Improvisation zu schaffen ist. Nur die zwei Gruppenersten rückten ins Halbfinale vor – wer anders als Frankreich (in der Qualifikation acht Spiele, acht Siege) und England, wie die Leute glaubten. Vielleicht auch Schweden mit den eigenen Fans im Rücken. Die Dänen standen eigentlich nie zur Debatte. Aus dem Strandkorb angereist und schnell wieder zurück in die Ferien. Wer sollte klagen, wenn sie gegen den Favoriten Frankreich und gegen England den Kürzeren zögen? Michael Laudrup, der bei Barcelona spielende Star Dänemarks, hatte sich lange vor der EM '92 mit dem ungeliebten Trainer Möller-Nielsen nicht verständigen können und ist folglich in Spanien geblieben. So startete Dänemark bei dieser IX. Europameisterschaft als krasser Außenseiter, und das gleich gegen England. 5000 Fans waren mit der Fähre für 10 DM von Kopenhagen ins sündhaft teure Schweden nach Malmö gekommen. Einfach so zum Spaß. Und sie reisten am Abend mit dem vergnüglichen Eindruck zurück: Wir wollen wiederkommen! Denn wer England ein Unentschieden abtrotzt, dem kann mehr gelingen – Urlaubsmannschaft hin oder her. Auf dänischer Seite war plötzlich Hoffnung im Spiel, Schweden könnte womöglich geschlagen werden, und mit drei Punkten ließe sich die zweite Runde erreichen. Träumen wir mal, sagten die Dänen. Dem ersten Punktgewinn folgte ein 0:1 gegen die Schweden. Die Fachwelt konstatierte rasch, nun bleibt eben Dänemark auf der Strecke, weil Frankreich als letzter Gegner nicht überrumpelt

Klein, aber fein, farbenfroh und fröhlich: So läßt sich die sympathische Inszenierung der Eröffnungsfeier der IX. Fußball-Europameisterschaft am 10. Juni im Stockholmer Rasunda-Stadion zusammenfassen. Ihrem Vorhaben entsprechend, sich bei der Ausrichtung der Spiele jeglichem Gigantismus zu enthalten, verzichteten die Organisatoren auf Prunk und Pomp und präsentierten eine spielerisch-sportliche Show mit Tanz und Musik, die viel Applaus erhielt. Pfiffe gab es nicht, auch nicht von den Schiedsrichtern, als die Schwedenmädel im Bild oben zwar regelwidrig, doch wenigstens mit zarter Hand dem runden Hauptdarsteller der EM ans Leder gingen. Oben rechts: Carl XVI. Gustaf erklärt die EM für eröffnet.

werden kann. Genau in diesem Augenblick zeigten die Dänen ihr wahres Gesicht, nutzten Frankreichs Schwächen, stießen durch ein 2:1 ins Semifinale vor und verabschiedeten gleichzeitig die hochfavorisierte Mannschaft Michel Platinis! Auch England flog aus dem Wettbewerb, denn Schweden gelang, nach anfänglichem Rückstand, letztlich auch ein 2:1. »Warum sollten nicht zwei skandinavische Teams das Finale bestreiten?«, fragte ein britischer Fernsehreporter...

■ Man sieht sich im Leben (nicht immer) zweimal

Manchmal ist es im Fußball wie bei Tisch, wenn die große Tafel zu einem ungewöhnlichen Fest gedeckt und die Gesellschaft von reizvollem Adel ist. Man fühlt sich nicht bloß eingeladen, sondern dazugehörig und spürt mit einem Male, daß die eigene Rolle in solch erlauchtem Kreis gar nicht so geringschätzig betrachtet wird, wie man ursprünglich geglaubt hatte. Und schließlich, so dachten die Dänen, schaukeln wir die Dinger, die andere um ihren Schlaf bringen. Die Deutschen zum Beispiel. In allerletzter Minute durch ein Freistoßtor Häßlers gegen die GUS-Mannschaft vor einem Debakel gerettet, schafften sie zwar ein strammes 2:0 gegen Schottland. Im Holland-Spiel allerdings war der Jammer unüberhörbar. Um weiterzukommen, mußte der Weltmeister gegen den Titelverteidiger wenigstens Unentschieden spielen. Denn es galt als unwahrscheinlich, daß Schottland, mit zwei Niederlagen belastet, gegen den Finalisten von 1988 gewinnen würde. Die Motivation für einen Sieg lag ungleich mehr bei den Spielern der Gemeinschaft Unabhängiger Staaten, die in dieser Zusammensetzung zum letzten Mal antraten. Sie wurden mit einem 0:3 nach Hause geschickt. Die Holländer indessen spielten gegen Deutschland wie der kommende Europameister – »in der ersten Halbzeit wie von einem anderen Stern«, schwärmte Franz Beckenbauer. Berti Vogts klang am Ende der harschen 1:3-Niederlage so pessimistisch nicht. Da entschlüpfte ihm der Satz: »Man sieht sich im Leben immer zweimal...« (die Interpretation dafür sollte irgendwann nachgeliefert werden), »...und dann wird eine andere deutsche Mannschaft auflaufen...« Schweden als Herausforderer im Semifinale wurde vom Bundestrainer glatt übergangen. Er zielte schnur-

SCHMEICHEL
1
reusch

stracks auf das zweite Spiel gegen die Niederländer. Rinus Michels' Vermutung lief übrigens auf das gleiche hinaus. Vorher aber wollte er das 3:1 und den Tag vollauf genießen. Berti Vogts und seinen Mannen hatte man derweil öffentlich empfohlen, die 40 000-DM-Prämie den Schotten als Dank zu überweisen. Ohne deren Erfolg gegen das GUS-Team wären die DFB-Kicker unweigerlich auf der Strecke geblieben. Jetzt aber sollte für den Weltmeister die EM '92 erst richtig beginnen.

■ Der »Hitchcock« von Göteborg

Buchwald und Reuter nach ihren Kopfverletzungen aus dem Schottenspiel wieder erste Wahl; Libero Binz durch Thomas Helmer ersetzt; Supertalent Andy Möller auf die Bank verbannt, dafür Matthias Sammer von Anfang an, neben Effenberg, ins Mittelfeld gestellt. Damit müßte der Weg freiwerden für das Finale – zum vierten Male bei Europameisterschaften. Schwedens Widerstand reichte nicht aus, die neuformierte deutsche Elf in den Griff zu bekommen. Dem Gastgeber schmeichelte sogar das 2:3, was er neidlos anerkannte. 24 Stunden später das unvergessene Drama in Göteborg. Deutschlands Endspielgegner wurde gesucht. Fassungsloses Staunen und grenzenlose Bewunderung für Geschick und Kraft der Dänen, unverhohlene Enttäuschung über Zerfall und Ohnmacht der Holländer. Die Deutschen überrascht, entzaubert, gedemütigt, den Dänen aber nicht gewachsen. Weggewischt waren plötzlich Ruhm und Erfolge des Mailänder Dreigestirns van Basten, Frank Rijkaard und Ruud Gullit. Rinus Michels sprach von einer heroischen Schlacht, einem Hitchcock. Daß Fußball ein Fight sei, zeigten die Dänen. »Duelle sind zu gewinnen, wir haben zu viele davon verloren. Nach der regulären Spielzeit dachte ich, es wäre für uns lediglich eine Frage der Zeit, das entscheidende Tor zu schießen. Doch nicht wir, sondern die Dänen rannten, kämpften und siegten. Verdient übrigens. Ich sah bei ihnen viele Spieler, die nach 90 Minuten kaum noch gehen konnten. Nicht so bei uns. Aber wir waren in der ersten Halbzeit für ein solches Spiel nicht genug präpariert.«

Bestimmte Augenblicke rahmen sich wie von selbst zu unauslöschlichen Bildern, symbolhaft für eine unverwechselbare Situation. Auf der einen Seite die Holländer: allesamt stehend, als ob sie den Fortgang des Spiels kaum erwarten könnten; daneben die

»Ich glaub' es nicht, ich glaub' es nicht!« Peter Schmeichel (linke Seite), Dänemarks Weltklassetorwart mit Gardemaß (1,91 m), konnte es nicht fassen: Dänemark ist Europameister! Reichlich Tränen flossen auf beiden Seiten, als Schiedsrichter Bruno Galler aus der Schweiz das EM-Finale abgepfiffen hatte. Freudengeheul auf der einen (ganz oben), tiefe Trauer auf der anderen Seite (oben) – dänische und deutsche Fußballhelden loteten im engen Oval des Ullevi-Stadions die Grenzen ihrer Gefühlswelt aus.

Dänen: Keiner sitzt, keiner steht, alle liegen flach. Beim Boxen hätte der Ringrichter solch ungleichen Fight wegen Kampfunfähigkeit des einen und zu starker Überlegenheit des anderen abgebrochen. Und wir Beobachter dachten: Nun werden sie gerichtet, und nichts wird übrigbleiben von dem beeindruckenden, hinreißenden Versuch, dem Titelverteidiger seine wahren Grenzen aufzuzeigen. Doch nichts Entscheidendes geschieht. Statt dessen Elfmeterschießen. Wieder regen sich Sympathien für den Schwächeren. Mir fällt der Vorschlag der UEFA ein, dieses Schießen durch den sogenannten »Sudden Death«, wie beim Eishockey im Playoff oder beim Golf, zu ersetzen. Also spielen bis zum bitteren Ende, wann immer das ist. Dazu sollte es besser nicht kommen. Dieses Duell nach der Verlängerung am 22. Juni 1992 kann als beispielhaftes Lehrstück dienen und den fatalen Schritt bis hin zur völligen Erschöpfung vermeiden helfen. Die Dänen bestanden diese kraftraubende, erregende Prüfung. Und welch trostlose Situation

Fußball ist, wenn man trotzdem lacht, und Freundschaft, wenn man über alle kontroversen Interessen hinweg das Verbindende nicht aus den Augen verliert. Schwedens dreifacher EM-Torschütze Thomas Brolin, der pausbäckige Star vom AC Parma, und Deutschlands Kapitän Andreas Brehme, der an der Seite von Lothar Matthäus bei Inter Mailand zum Weltstar avancierte, gehen mit gutem Beispiel voran.

für einen wie Marco van Basten, ausgerechnet in seiner Sekunde den Ball in die Arme von Peter Schmeichel zu schießen! Vor vier Jahren den Triumph in aller Glückseligkeit genießend, muß er nach diesem mißlungenen Schuß durch die tiefen Niederungen eigenen Unvermögens wandern.

■ Mit Laisser-faire zum Sieg

Endpunkt für die Dänen? Hendrik Andersen mußte nach einer schweren Knieverletzung in Kopenhagen operiert werden. Der große Rest der Mannschaft war nach dem aufreibenden Spiel gegen Holland reif für intensive medizinische Behandlungen, reif für eine längere Pause. Was aber sagt Brian Laudrup 24 Stunden später?: »Jetzt schlagen wir auch die Deutschen!« Die wiederum legen sich in einer Umfrage mit 83 Prozent auf einen deutschen Sieg fest. Ein kleiner Kreis hielt dennoch die Dänen für fähig, nach Frankreich und Holland nun auch den Weltmeister ins Aus zu drängen. Doch woher, zumal mit dezimierter Mannschaft, noch einmal soviel Kraft schöpfen? Aus dem Strandkorb heraus den Titel holen? Die hohe Lehre des Fußballspiels ad absurdum führen? Wissenschaftliche Bemühungen um den Erfolg widerlegen und beweisen, daß Siege dieser Art, wie anderswo auch, aus dem Bauch heraus entwickelt und zwischen den Ohren entschieden werden? Nicht ohne technisches Können, nicht ohne spielerische Brillanz, nicht ohne den unermüdlichen Willen zum Sieg. Gäb's ein dänisches Rezept zum Gewinnen, niemand wäre so unklug, es zu verweigern. Aber wo kämen Deutsche, Engländer und Franzosen hin, wollten sie den Weg der Dänen und deren Verhalten kopieren? Es bleibt wohl ein Jahrhundert-Sieg, so sehr sich andere Mannschaften auch mühen, dem Beispiel der fröhlichen Dänen zu folgen. Gleich nach dem 0:2 erklärte Kapitän Andi Brehme: »Der Erfolg der Dänen ist verdient gewesen, obwohl beide Tore nicht regelgerecht zustandekamen...« In einem Freudentaumel ohnegleichen hat Dänemark seine Europameister nach

Den Superstars wurde bei der EM '92 der große Auftritt verpatzt. Alle Vorschußlorbeeren nutzten nichts: Jean-Pierre Papin (oben) konnte trotz seiner zwei Tore den frühen Abschied der »Equipe tricolore« nicht verhindern, und Hollands Paradiesvögel nicht den Absturz der Ihren (ganz oben: »zwei Drittel« des »Milan-Trios«, Frank Rijkaard und Ruud Gullit).

Ganz oben: »Stehend k. o.« mußten Bundestrainer Berti Vogts und Co-Trainer Rainer Bonhof zusehen, wie sich der Weltmeister der bitteren Niederlage entgegenstemmte. Die »Basler Zeitung« konstatierte »eine der größten Überraschungen in der Geschichte des internationalen Fußballs«. Für eine kleine Überraschung sorgte dann noch Rudi Völler (oben), als er in Göteborg vor dem Heimflug seinen Rücktritt von der Nationalmannschaft erklärte. Zwar hatte man darüber schon gemunkelt, doch nun war es Gewißheit: Die Leitfigur des deutschen Fußballs (in zehn Jahren 84 Länderspiele und 43 Tore) geht international »in Rente«.

der Rückkehr in Kopenhagen gefeiert. Und auch darin sind Spieler und Fans der Dänen nicht zu übertreffen.

Berti Vogts hat sein Ziel in Göteborg nicht erreicht – sowenig übrigens wie Franz Beckenbauer bei der EM '88. Es ist nicht seine Art, sich mit dem vorzeitigen Ausscheiden der Franzosen und dem der Holländer zu trösten. Selbst das verletzungsbedingte Fehlen von Lothar Matthäus und Rudi Völler, der nach Abschluß der EM seinen Rücktritt von der Nationalmannschaft erklärte, wird er nicht als Erklärung für das Scheitern seiner Mannschaft im Finale werten. War Hochmut die Sünde des Stolperns, was die Franzosen Michel Platini vorwarfen? Die übrigens sind »ohne jede Sympathie und ohne jeden Trost ausgeschieden« (»L'Equipe«). Deutschlands Fußballer standen, wenn auch glücklich, zumindest im Finale. In zwei Jahren starten sie bei der WM einen neuen Anlauf. Vogts sollte viel dazugelernt haben in Schweden. Unbeantwortet bleibt allerdings die Frage, ob es für den notwendigen Lernprozeß ausreicht und ob Berti Vogts und die Mannschaft sich dann anders verhalten als '92 in Schweden.

■ »Small is beautiful«

Auf vier Städte verteilt, von acht Mannschaften beschickt und in 52 Länder per TV für eine Lizenzgebühr von 25 Millionen sFr. übertragen, hat die Euro '92 nach anfänglichen Enttäuschungen bald attraktiven Zuschnitt erhalten. Vor allem den Dänen sei es gedankt. Daß die Spiele durchweg vor relativ kleiner Kulisse stattfanden (Durchschnitt: 29 000 Zuschauer), hat mancher Beobachter kritisch angemerkt. Aufgewogen wurde dies durch den Charme und die Herzlichkeit, mit dem die Schweden ihre Gäste (darunter etwa 4000 Medienvertreter) aufgenommen und 16 lange Tage hindurch begleitet haben. »Small is beautiful«, dieser treffliche Slogan der Euro '92 sollte die UEFA nicht hindern, über eine mögliche Erweiterung der teilnehmenden Mannschaften nachzudenken. Europa wächst nicht nur enger zusammen, Europa dehnt sich auch aus. Und wenn schon 24 Teams bei der WM,

warum dann nicht 12 bei der EM? Es sei denn, daraus entsteht der mit Recht so heftig kritisierte Gigantismus. Von spielerischer Offenbarung, von gravierenden Schüben in bezug auf mannschaftliche Leistungen, kann nach diesem Turnier kaum die Rede sein. Zugegeben, das Spiel insgesamt ist noch schneller geworden. Dies kann aber nicht als Indiz gelten für eine merkliche Veränderung und Verbesserung des Niveaus. Und wer sind die Stars der Euro '92? Franz Beckenbauer nannte nur zwei Spieler: Thomas Häßler und den Holländer Dennis Bergkamp. Andere lassen sich leicht hinzufügen: Thomas Brolin, Brian Laudrup, Igor Dobrowolski, Hendrik Andersen, Des Walker oder Peter Schmeichel. Vergeblich wartete die

Fachwelt auf einen Goalgetter wie Marco van Basten 1988 oder Gerd Müller 1972. Zwei Tore pro Spiel sind nicht gerade berauschend. Und wer weiß schon, daß Larsen und Bergkamp mit je vier Treffern am erfolgreichsten waren? Mit Sicherheit wären mehr Tore gefallen, wenn die Schiedsrichter zunehmendes Halten und Klammern der Abwehrspieler strenger geahndet hätten. Ein mühevolles Unterfangen, wie man gestehen muß. Auffällig aber auch das immer rücksichtsloser werdende Hineingrätschen in den Gegner, besonders die beidbeinigen Rammstöße. Plakative Fair-Play-Aktionen wirken in diesem Zusammenhang manchmal wie blanker Hohn.

Wie machtlos Veranstalter, Verbände und Sicherheitskräfte gegenüber blutigen Ausschreitungen der Hooligans nach wie vor sind, lehrte dieses Turnier aufs Neue. Zu Hunderten randalierten vor allem Engländer und Deutsche in Malmö, Stockholm und Göteborg, in der Nacht nach dem Endspiel sogar in der Bundesrepublik. Verletzte blieben so wenig aus wie Zerstörungen und Verhaftungen. Gerüchte, wonach England die nächste Europameisterschaft 1996 wegen der offensichtlichen Beteiligung englischer Rowdies an den Krawallen wieder entzogen werden könnte, fanden zwar neue Nahrung, sind jedoch vom Europäischen Fußballverband bis zum Abschluß des Turniers nicht bestätigt worden. Es scheint so, als sei der »Krieg der Hooligans« auch künftig erschreckender Teil solcher Ereignisse.

Ganz oben: Schlußzeremonie der EM '92. Der Weltmeister steigt vom Podest, Bahn frei für Europameister Dänemark. »Politiken«: »Die dänischen Gäste kamen durch die Küchentür und schnappten allen Favoriten das Hauptgericht vor der Nase weg.« Oben: Anschauungsunterricht für Hooligans erteilen diese beiden Fans, links ein Schwede, rechts ein Deutscher: Arm in Arm hat man mehr vom Fußball.

Das deutsche EM-Aufgebot 1992

(Informationsstand: 10. Juni 1992)

BERTI VOGTS
Bundestrainer

**Geburtsdatum: 30. 12. 1946
Geburtsort: Büttgen
Größe: 1,68 m
Gewicht: 70 kg
Familienstand: verheiratet
Kind: Justin
Beruf: Fußball-Trainer
Vereine: VfR Büttgen (1956–1965), Borussia Mönchengladbach (1965–1979); seit 1979 Angestellter des Deutschen Fußball-Bundes (DFB)
1. Länderspiel: 1967
Länderspiele insgesamt: 96/1 Tor
Erfolge als Spieler: Weltmeister 1974, Europameisterschafts-Zweiter 1976, Weltmeisterschafts-Dritter 1970, Deutscher Meister 1970, 1971, 1975, 1976, 1977, Deutscher Pokalsieger 1975, UEFA-Pokal-Sieger 1975, 1979 (Borussia Mönchengladbach)
Erfolge als Trainer: Europameisterschafts-Qualifikation 1992, Weltmeisterschafts-Zweiter U 20 1987, Europameister U 16 1984, Europameisterschafts-Zweiter U 21, U 16 1982**

MANFRED BINZ
Abwehrspieler

**Geburtsdatum: 22. 9. 1965
Geburtsort: Frankfurt/Main
Größe: 1,82 m
Gewicht: 74 kg
Schulabschluß: nach der 9. Klasse abgebrochen
Beruf: Fußballprofi
Familienstand: verheiratet
Kinder: Benjamin (4), Niklas (2)
Vereine: VfR Bockenheim (1971–1979); Eintracht Frankfurt (seit 1979)
1. Länderspiel: 29. 8. 1990 in Lissabon (Portugal/ 1:1)
Länderspiele insgesamt: 11/1 Tor
Erfolge: Deutscher Pokalsieger 1988 (Eintracht Frankfurt)**

ANDREAS BREHME
Abwehrspieler

**Geburtsdatum: 9. 11. 1960
Geburtsort: Hamburg
Größe: 1,76 m
Gewicht: 72 kg
Familienstand: verheiratet
Kind: Ricardo (3)
Schulabschluß: Mittlere Reife
Beruf: Kfz-Mechaniker
Vereine: Barmbek-Uhlenhorst (1966–1980); 1. FC Saarbrücken (1980–1981); 1. FC Kaiserslautern (1981–1986); FC Bayern München (1986–1988); Inter Mailand (seit 1988)
1. Länderspiel: 15. 2. 1984 in Varna (Bulgarien/3:2)
Länderspiele insgesamt: 69/8 Tore
Erfolge: Weltmeister 1990, Deutscher Meister 1987 (FC Bayern München), Italienischer Meister 1989 (Inter Mailand), UEFA-Cup-Sieger 1991 (Inter Mailand)**

GUIDO BUCHWALD
Abwehrspieler

Geburtsdatum: 24. 1. 1961
Geburtsort: Berlin
Größe: 1,88 m
Gewicht: 88 kg
Familienstand: verheiratet
Kinder: Yannic (4), Julian (1)
Schulabschluß: Mittlere Reife
Beruf: Elektroinstallateur
Vereine: SV Wannweil (1969–1977); TSV Pliezhausen (1977–1978); Stuttgarter Kickers (1978–1983); VfB Stuttgart (seit 1983)
1. Länderspiel: 22. 5. 1984 in Zürich (Italien/1:0)
Länderspiele insgesamt: 51/1 Tor
Erfolge: Weltmeister 1990, Deutscher Meister 1984, 1992 (VfB Stuttgart)

THOMAS DOLL
Mittelfeldspieler

Geburtsdatum: 9. 4. 1966
Geburtsort: Malchin/Mecklenburg-Vorpommern
Größe: 1,76 m
Gewicht: 70 kg
Familienstand: verheiratet
Kind: Denise (2)
Schulabschluß: Jugendsportschule
Beruf: Maschinenanlagen-Monteur
Vereine: Lokomotive Malchin (1972–1979); Hansa Rostock (1979–1986); Dynamo Berlin (1986–1990); Hamburger SV (1990–1991); Lazio Rom (seit 1991)
1. Länderspiel: 27. 3. 1991 in Frankfurt/Main (UdSSR/2:1)
Länderspiele insgesamt: 9/1 Tor (29 für die DDR)
Erfolge: Meister der DDR 1987, 1988, DDR-Pokalsieger 1988, 1989 (Dynamo Berlin)

STEFAN EFFENBERG
Mittelfeldspieler

Geburtsdatum: 2. 8. 1968
Geburtsort: Hamburg
Größe: 1,86 m
Gewicht: 82 kg
Familienstand: verheiratet
Kinder: Nastassja (5), Etienne-Noel (2)
Schulabschluß: Mittlere Reife
Beruf: Postangestellter
Vereine: Victoria Hamburg (1974–1987); Borussia Mönchengladbach (1987–1990); FC Bayern München (seit 1990)
1. Länderspiel: 5. 6. 1991 in Cardiff (Wales/0:1)
Länderspiele insgesamt: 5

MICHAEL FRONTZECK
Abwehrspieler

Geburtsdatum: 26. 3. 1964
Geburtsort: Mönchengladbach
Größe: 1,84 m
Gewicht: 80 kg
Familienstand: verheiratet
Kinder: Tim John (5), Julika (8 Monate)
Schulabschluß: Fachabitur
Beruf: Fußballprofi
Vereine: SpVgg Odenkirchen (1971–1979); Borussia Mönchengladbach (1979–1989); VfB Stuttgart (seit 1989)
1. Länderspiel: 14. 9. 1984 in Düsseldorf (Argentinien/1:3)
Länderspiele insgesamt: 17
Erfolge: Deutscher Meister 1992 (VfB Stuttgart)

THOMAS HÄSSLER
Mittelfeldspieler

Geburtsdatum: 30. 5. 1966
Geburtsort: Berlin
Größe: 1,66 m
Gewicht: 66 kg
Familienstand: verheiratet
Schulabschluß: Hauptschule
Beruf: Fußballprofi
Vereine: Meteor 06 Berlin (1972–1981); Reinickendorfer Füchse (1981–1984); 1. FC Köln (1984–1990); Juventus Turin (1990–1991); AS Rom (seit 1991)
1. Länderspiel: 31. 8. 1988 in Helsinki (Finnland/4:0)
Länderspiele insgesamt: 27/3 Tore
Erfolge: Weltmeister 1990, Deutschlands Fußballer des Jahres 1989

THOMAS HELMER
Abwehrspieler

Geburtsdatum: 21. 4. 1965
Geburtsort: Herford
Größe: 1,83 m
Gewicht: 76 kg
Familienstand: verheiratet
Kinder: Kim-Sebastian (20 Monate)
Schulabschluß: Abitur
Beruf: Fußballprofi
Vereine: SC Bad Salzufflen (1972–1984); Arminia Bielefeld (1984–1986); Borussia Dortmund (seit 1986)
1. Länderspiel: 10. 10. 1990 in Stockholm (Schweden/3:1)
Länderspiele insgesamt: 7
Erfolge: Deutscher Pokalsieger 1989 (Borussia Dortmund)

BODO ILLGNER
Torhüter

Geburtsdatum: 7. 4. 1967
Geburtsort: Koblenz
Größe: 1,90 m
Gewicht: 92 kg
Familienstand: verheiratet
Kind: Joline (1)
Schulabschluß: Abitur
Beruf: Fußballprofi
Vereine: 1. FC Hardtberg (1973–1983); 1. FC Köln (seit 1983)
1. Länderspiel: 23. 9. 1987 in Hamburg (Dänemark/1:0)
Länderspiele insgesamt: 34
Erfolge: Weltmeister 1990

JÜRGEN KLINSMANN
Stürmer

Geburtsdatum: 30. 7. 1964
Geburtsort: Göppingen
Größe: 1,81 m
Gewicht: 76 kg
Familienstand: ledig
Schulabschluß: Mittlere Reife
Beruf: Bäcker
Vereine: TB Gingen (1972–1977); SC Geislingen (1977–1980); Stuttgarter Kickers (1980–1984); VfB Stuttgart 1984–1989); Inter Mailand (seit 1989)
1. Länderspiel: 12. 12. 1987 in Brasilia (Brasilien/1:1)
Länderspiele insgesamt: 36/9 Tore
Erfolge: Weltmeister 1990, Olympiadritter 1988, UEFA-Cup-Sieger 1991 (Inter Mailand)

ANDREAS KÖPKE
Torhüter

Geburtsdatum: 12. 3. 1962
Geburtsort: Kiel
Größe: 1,82 m
Gewicht: 83 kg
Familienstand: verheiratet
Kinder: Stefanie (8), Caroline (1)
Schußabschluß: Hauptschule
Beruf: Kfz-Mechaniker
Vereine: Holstein Kiel (1970–1982); SC Charlottenburg Berlin (1982–1983); Herta BSC Berlin (1983–1985); 1. FC Nürnberg (seit 1985)
1. Länderspiel: 30. 5. 1990 in Gelsenkirchen (Dänemark/1:0)
Länderspiele insgesamt: 3
Erfolge: Olympia-Qualifikation 1988, Weltmeisterschafts-Teilnehmer 1990

JÜRGEN KOHLER
Abwehrspieler

Geburtsdatum: 6. 10. 1965
Geburtsort: Lambsheim
Größe: 1,86 m
Gewicht: 83 kg
Familienstand: verheiratet
Schulabschluß: Mittlere Reife
Beruf: Fußballprofi
Vereine: TB Jahn Lambsheim (1975–1984); SV Waldhof Mannheim (1984–1987); 1. FC Köln (1987–1989); FC Bayern München (1989–1991); Juventus Turin (seit 1991)
1. Länderspiel: 24. 9. 1986 in Kopenhagen (Dänemark/2:0)
Länderspiele insgesamt: 42
Erfolge: Weltmeister 1990, Deutscher Meister 1990 (FC Bayern München)

ANDREAS MÖLLER
Mittelfeldspieler

Geburtsdatum: 2. 9. 1967
Geburtsort: Frankfurt/Main
Größe: 1,80 m
Gewicht: 73 kg
Familienstand: verheiratet
Schulabschluß: Mittlere Reife
Beruf: Bürokaufmann
Vereine: BSC Schwarz-Weiß Frankfurt (1974–1981); Eintracht Frankfurt (1981–1988); Borussia Dortmund (1988–1990); Eintracht Frankfurt (seit 1990)
1. Länderspiel: 21. 9. 1988 in Düsseldorf (UdSSR/1:0)
Länderspiele insgesamt: 21/4 Tore
Erfolge: Weltmeisterschafts-Teilnehmer 1990, Deutscher Pokalsieger 1989 (Borussia Dortmund), Weltmeisterschaftsdritter U 20 1987

STEFAN REUTER
Mittelfeldspieler

Geburtsdatum: 16. 10. 1966
Geburtsort: Dinkelsbühl
Größe: 1,81 m
Gewicht: 74 kg
Familienstand: verheiratet
Schulabschluß: Mittlere Reife
Beruf: Fußballprofi
Vereine: TSV Dinkelsbühl (1971–1982); 1. FC Nürnberg (1982–1988); FC Bayern München (1988–1991); Juventus Turin (seit 1991)
1. Länderspiel: 18. 4. 1987 in Köln (Italien/0:0)
Länderspiele insgesamt: 32/2 Tore
Erfolge: Weltmeister 1990, Deutscher Meister 1989, 1990 (FC Bayern München)

KARL-HEINZ RIEDLE
Stürmer

Geburtsdatum: 16. 9. 1965
Geburtsort: Weiler/Allgäu
Größe: 1,79 m
Gewicht: 73 kg
Familienstand: verheiratet
Kind: Allessandro (2)
Schulabschluß: Mittlere Reife
Beruf: Metzger
Vereine: TSV Ellhofen (1974–1981); SC Weiler (1981–1982); FC Augsburg (1982–1986); Blau-Weiß Berlin (1986–1987); Werder Bremen (1987–1990); Lazio Rom (seit 1990)
1. Länderspiel: 31. 8. 1988 in Helsinki (Finnland/4:0)
Länderspiele insgesamt: 20/6 Tore
Erfolge: Weltmeisterschafts-Teilnehmer 1990, Deutscher Meister 1987 (Werder Bremen)

MATTHIAS SAMMER
Mittelfeldspieler

Geburtsdatum: 5. 9. 1967
Geburtsort: Dresden
Größe: 1,80 m
Gewicht: 76 kg
Schulabschluß: 10. Klasse
Beruf: Maschinenanlagen-Monteur
Familienstand: ledig
Kind: Sarah (1)
Vereine: Dynamo Dresden (1973–1990); VfB Stuttgart (seit 1990);
1. Länderspiel: 19. 12. 1990 in Stuttgart (Schweiz/4:0)
Länderspiele insgesamt: 7 (23 für die DDR)
Erfolge: Meister der DDR 1989, 1990, DDR-Pokalsieger 1990 (Dynamo Dresden), Deutscher Meister 1992 (VfB Stuttgart)

MICHAEL SCHULZ
Abwehrspieler

Geburtsdatum: 3. 9. 1961
Geburtsort: Harlingen
Größe: 1,94 m
Gewicht: 88 kg
Familienstand: ledig
Schulabschluß: Abitur
Beruf: Polizist
Vereine: TuS Nettlingen (1967–1970); TuS Gerlingen (1970–1980); TuS Syke (1980–1984); VfB Oldenburg (1984–1987); 1. FC Kaiserslautern (1987–1989); Borussia Dortmund (seit 1989)
1. Länderspiel: 25. 3. 1992 in Turin (Italien/0:1)
Länderspiele insgesamt: 1
Erfolge: Olympiadritter 1988

ANDREAS THOM
Stürmer

Geburtsdatum: 7. 9. 1965
Geburtsort: Rüdersdorf/Brandenburg
Größe: 1,78 m
Gewicht: 75 kg
Familienstand: verheiratet
Kind: Janine (3)
Schulabschluß: Abitur
Beruf: Sportstudent (ohne Abschluß)
Vereine: TSG Herzfelde (1971–1974); Dynamo Berlin (1974–1989); Bayer Leverkusen (seit 1990)
1. Länderspiel: 19. 12. 1990 in Stuttgart (Schweiz/4:0)
Länderspiele insgesamt: 4/1 Tor (51 für die DDR)
Erfolge: Meister der DDR 1984, 1985, 1986, 1987, 1988, DDR-Pokalsieger 1988, 1989 (Dynamo Berlin)

RUDI VÖLLER
Stürmer

Geburtsdatum: 13. 4. 1960
Geburtsort: Hanau
Größe: 1,79 m
Gewicht: 77 kg
Familienstand: verheiratet
Kinder: Laura (4), Marco (3), Kevin (4 Monate)
Vereine: TSV 1860 Hanau (1968–1976); Kickers Offenbach (1976–1980); TSV 1860 München (1980–1982); Werder Bremen (1982–1987); AS Rom (seit 1987)
1. Länderspiel: 17. 11. 1982 in Belfast (Nordirland/0:1)
Länderspiele insgesamt: 83/43 Tore
Erfolge: Weltmeister 1990, Italienischer Pokalsieger 1991 (AS Rom), Deutschlands Fußballer des Jahres 1983

CHRISTIAN WÖRNS
Abwehrspieler

Geburtsdatum: 10. 5. 1972
Geburtsort: Mannheim
Größe: 1,84
Gewicht: 77 kg
Familienstand: ledig
Schulabschluß: Mittlere Reife
Beruf: Fußballprofi
Vereine: Phönix Mannheim (1980–1984); Waldhof Mannheim (1984–1991); Bayer Leverkusen (seit 1991)
1. Länderspiel: 22. 4. 1992 in Prag (ČSFR/1:1)
Länderspiele insgesamt: 2

Ouvertüre ohne Paukenschlag

»Goal« für Schweden – ein guter Start!

Wie bitte, hatte er tatsächlich richtig gehört? Ungläubig zuerst, dann mit Verwunderung, die sich in dem pfiffigen, von einer kräftigen, leicht schiefstehenden Nase beherrschten Gesicht zwischen den hochgezogenen Ohren widerspiegelte, reagierte Jean-Pierre Papin (28) auf die unerwartete Ehrung. Quelle surprise, welche Überraschung, bekannte der französische Stürmer, daß ausgerechnet er zum besten Spieler der Eröffnungspartie bei der Fußball-Europameisterschaft gekürt worden sei. Denn siebenmal bloß während anderthalb Stunden hatte sich der Fußballer der Lederkugel bemächtigen können, phasenweise nahmen ihn die 24 000 Zuschauer im Rasunda-Stadion von Stockholm gar nicht wahr, als trüge er eine Tarnkappe. Als sich alle Augen auf Papin richteten, kam jede Warnung, jedwede Gegenwehr zu spät: Steilpaß von Christian Perez auf die rechte Spielfeldseite, als die Blicke dem Ball folgten, war Papin schon auf und davon, lenkte ihn mit der Stirn zum rechten Fuß und schoß mit dem Außenrist aus beträchtlicher Entfernung unerwartet und ansatzlos. Unerreichbar für Thomas Ravelli, der sich in verzweifeltem Sprung streckte, landete die mit tückischem Effet versehene Lederkugel in der Torecke zum 1:1 in der 58. Spielminute.

Anderntags brachte es die Stockholmer Zeitung »Svenska Dagbladet« auf den Punkt: »Vor Monaten war das 1:1 gegen Frankreich eine Utopie, nun ist es eine Enttäuschung.« Die Hoffnung, daß Schwedens Nationalmannschaft in ihrem ersten Spiel der Gruppe eins den Favoriten würde stürzen können, hatte der Mittelverteidiger Jan Eriksson von IFK Norrköping geweckt, einer der beiden Bewacher von Papin, mit seinem Kopfballtreffer zum 1:0 (25.). Vor allem, weil der Weg zum Erfolg so unbeschwerlich schien: Eckstoß Anders Limpar, der zweite erst, Eriksson mit langem Anlauf unbehelligt, Torhüter Bruno Martini chancenlos. Eriksson: »Bis Mister Papin das Tor schoß, hatten wir die Kontrolle über das Spiel.«

»Wir haben Respekt vor dem Gegner, aber es ist von Vorteil, gleich zu Beginn des Turniers gegen einen Favoriten zu spielen«, meinte Tommy Svensson, der das Ruder im schwedischen Fußball 1990 übernahm, vor dem Anpfiff des Eröffnungsspiels. Unter seiner Leitung wuchs das Drei-Kronen-Team zu einer kampfstarken, taktisch versierten und spielfreudigen Einheit zusammen, die sich das 1:1 gegen Frankreich wohl verdient hatte. Im Bild: Klas Ingesson im Anmarsch auf Manuel Amoros, den Kapitän der »Equipe tricolore«.

AMOROS
2

Der Respekt der Schweden vor Jean-Pierre Papin, »Europas Fußballer des Jahres« (links), war groß, aber beileibe nicht so groß, daß ihnen darüber die Lust auf den Angriff vergangen wäre (oben: Thomas Brolin wird von Verteidiger Basile Boli gestoppt). »Wir waren drauf und dran, das Spiel zu gewinnen«, sagte nach dem Abpfiff Jan Eriksson, der in der 25. Minute die französische Abwehr mit einem Kopfballtor überrascht hatte – »aber man darf Mister Papin eben keine Chance geben.« In der 58. Spielminute bekam er sie – und er nutzte sie. »Wie immer war Papin der Retter von Platini«, schrieb Italiens »Corriere dello Sport«, und weiter: »Papin ist Frankreich. Er verwandelt selbst die wenigen Vorlagen noch zu Gold.«

So ganz stimmt das nicht. Verblüffenderweise war den Schweden ihr Erfolgserlebnis vergönnt, da es so aussah, als würden sie der Spielkunst der Franzosen auf Dauer erliegen müssen. Doch die erwies sich zunehmend als brotlos, weil in Grenzen gehalten von der gegnerischen Taktik des stark verengten Spielraums mittels einer weit vorgezogenen, häufig fünf Mann zählenden Abwehrreihe, die sich nach Bedarf blitzschnell auffächerte. Jocelyn Angloma und Pascal Vahirua, mit Schnelligkeit und ansehnlicher Fertigkeit im Umgang mit dem Fußball gesegnet, versuchten zwar taktisch richtig, über die Flügel in den Rücken der Deckung vorzustoßen und sie auf diese Weise auszuhebeln, doch diese Vorgehensweise war vom Gegner sogar erwünscht, denn Flanken sind kein Problem für die im Kopfball starken Jan Eriksson (1,83 m), Patrick Andersson (1,85 m) und Joachim Björklund (1,84 m).

■ Equipe tricolore ohne Furore

Wenig kreativ wirkte das schwedische Spiel bis zum 1:0, das eine geradezu euphorische Stimmung auf den Rängen und auf dem Rasen auslöste. Kennet Andersson setzte nach, kam gegen Torhüter Martini um eine Winzigkeit zu spät, Stefan Schwarz beschäftigte den Franzosen mit einem Flachschuß nach verwirrendem Freistoßmanöver. Schnell wurde Michel Platini, dem Teamchef, klar, weil deutlich vor Augen geführt, daß sein Stürmerstar nicht ständig mit unerreichbaren Steilpässen gegen eine übermächtige Abwehr geschickt werden dürfe, sondern einen einfallsreichen Partner nötig hatte. Vahirua von AJ Auxerre mußte in der Pause Perez weichen, einem nur 1,63 m großen Mittelfeldspieler, Eric Cantona rückte näher an Papin heran. »Wir durften nicht mehr so viel steil spielen,

Schmeichelhaft war das 1:1 für beide nicht, aber die internationale Sportpresse ging nur mit den favorisierten Franzosen ins Gericht. »Liberation« (Paris): »Zum Eintritt hat Frankreich den Schlüssel nicht gefunden. Die Schweden hatten es gesagt: Für sie wäre ein Unentschieden im Eröffnungsspiel ein gutes Ergebnis. Die Franzosen glaubten, es besser machen zu können. Dem war nicht so.« Im Bild versucht es Pascal Vahirua, eskortiert von Jonas Thern, Roland Nilsson und Jan Eriksson.

Verständlich, daß nach dem 1:1-Ausgleich durch Papin (58.) keine der beiden Mannschaften mehr ihr Heil in der Offensive suchte – man war gewarnt vor der Torgefährlichkeit des Gegners, besonders die Torwarte Bruno Martini und Thomas Ravelli (oben). Monsieur Platini, der Trainer der Franzosen und einstige Wunderfußballer (oben rechts), gestand ein: »Hauptsache, man verliert nicht zum Auftakt.« Sprach's und begnügte sich für den Rest der Spielzeit damit, »taktische Varianten im Mittelfeld zu erproben«. Zum Beispiel so wie links Didier Deschamps mit Roland Nilsson oder so wie links unten Laurent Blanc mit Anders Limpar, dem Spielmacher der Schweden. Nur der Ball spielte nicht mehr mit . . .

Schweden – Frankreich 1:1 (1:0)
Austragungsort: Rasunda-Stadion Stockholm
Schweden: Ravelli; R. Nilsson, Eriksson, P. Andersson, Björklund; Ingesson, Thern, Schwarz, Limpar; Brolin, K. Andersson (ab 74. Dahlin)
Frankreich: Martini; Blanc; Boli, Casoni, Angloma (ab 67. Fernandez); Sauzee, Deschamps, Amoros; Cantona, Papin, Vahirua (ab 46. Perez)
Schiedsrichter: Spirin (GUS)
Tore: 1:0 Eriksson (25.), 1:1 Papin (58.)
Zuschauer: 28 000 (ausverkauft)
Gelbe Karten: Schwarz, Thern – Angloma, Cantona.

sondern mit kurzen Pässen im Raum«, erläutert später Platini.
Es änderte sich zunächst nichts, die Schweden spielten groß auf, mit Limpar als Regisseur vom linken Flügel aus, der an Wirkung den hochgelobten Thomas Brolin übertraf. Doch ging der Schuß nach hinten los. »Als wir zu optimistisch gespielt haben«, so Schwedens Trainer Tommy Svensson, »rettete Papin das französische Team vor der Pleite eines Fehlstarts ins EM-Turnier.« »Dieser herrliche Paß«, schwärmte Papin, als die Pressekonferenz lange schon zu Ende war und der Torschütze gar nicht müde wurde, zu erzählen, wie er den entscheidenden Augenblick erlebt hatte, – »der Ball vor dir, er springt, Vorlage mit dem Kopf, du weißt genau, es wird dir gelingen, Schuß, das geht alles wie von selbst.«

■ Papin: »Ich bin in jeder Situation gefährlich.«

Von wegen. Papin hat sich selbst widerlegt mit der Feststellung, Tore seien nicht nur das Resultat von Traumpässen. »Von mir sieht man nie viel, aber ich arbeite das ganze Spiel über, ich bin in jeder Situation gefährlich.« Wenn sich die Chance bietet, vielleicht nur einmal im Spiel, macht Papin automatisch fast alles richtig, denn: »Meine Tore sind das Resultat meines Instinkts.« Der wird teuer bezahlt, mit 25 Millionen Mark vom AC Mailand an Olympique Marseille, für das er 122 Treffer erzielt hat, dazu neun der 17 Tore für Frankreich in der Qualifikation zur Europameisterschaft. Schon nach dem Spiel gegen Schweden forderte »Le Parisien«: »Danke, Papin. Man sollte ihm ein Denkmal bauen.«
Allemal sehenswert war dieser brillante Auftritt von Papin gewesen, doch unterhaltsam auch dieses erste Spiel des finalen EM-Turniers. Es ist leider keine Selbstverständlichkeit, daß dabei beide Mannschaften in ihren Bemühungen den Eindruck vermitteln, gewinnen zu wollen, wie Schweden und Franzosen gleichermaßen, und nicht bloß eine Niederlage zu vermeiden. Daß sie sich am Ende doch die Punkte teilten, geschah eher zufällig. Klas Ingesson war drauf und dran, seinen Landsleuten ausreichend Grund zum Feiern für eine lange Sommernacht zu bescheren, doch scheiterte er bei seinem Kopfball nach Flanke von Schwarz an Torhüter Martini. Trainer Svensson schickte zum Endspurt Martin Dahlin aufs Feld, der Kennet Andersson ablöste, aber der Stürmer, der in letzter Zeit bei Borussia Mönchengladbach nur zweite Wahl gewesen war, bewirkte nichts mehr.

■ Franzosen erleichtert, Schweden stolz

Dem französischen Teamchef Michel Platini war die Erleichterung anzumerken, auch wenn er die Probleme in seiner Mannschaft nur andeutete mit der Feststellung: »Es hat sich wieder einmal gezeigt, wie schwierig Eröffnungsspiele sind.« Weil eine Niederlage schon der Anfang vom Ende sein kann. Seine mit sieben Fußballern vom Meister Olympique Marseille bestückte Equipe tricolore blieb ein Stück hinter den Erwartungen zurück, ganz im Gegensatz zu den Schweden. Dessen Trainer Svensson war »stolz auf meine Mannschaft, wir haben gezeigt, daß der schwedische Fußball besser ist als sein Ruf«. Nun ja, er hat seine Fußballer aus England, Belgien, Italien, Portugal, Norwegen und Deutschland zusammengetrommelt, dort haben sie ihre Fähigkeiten besser nützen gelernt. Aber das geht nicht nur Svensson so, das ist der Lauf des Fußballs in dieser Zeit.

»God save(d) the team«

Red and white – unverkennbar ein dänischer Fan.

Flemming Povlsen hatte mit Borussia Dortmund gerade hauchdünn den deutschen Meistertitel verpaßt und vom Fußballspielen eigentlich bis auf weiteres genug – weshalb sich seine Begeisterung in Grenzen hielt, als die unverhoffte Nachricht eintraf, er dürfe mit der dänischen Nationalmannschaft bei der Europameisterschaft mitmachen, weil Jugoslawien von der UEFA aus dem Turnier verbannt worden war. EM statt Urlaub? »Total ausgelaugt von der langen Saison« war der Mittelstürmer, »ich habe keine große Chance gesehen, in Schweden viel auszurichten«. Doch nach dem 0:0 gegen England zum Auftakt, da schien die Müdigkeit auf einmal wie weggeblasen. »Dieses Spiel«, so Povlsen, »hat nicht Kraft gekostet, sondern neue gebracht.«

■ »Amüsiert euch, wie wir Europameister werden«

Den Gegner stark zu machen, das haben die Engländer an sich nicht vorgehabt. Was hatten die nicht getönt vor dem kontinentalen Wettstreit. Gewonnen haben die Söhne Albions die Veranstaltung ja trotz vielfacher Ankündigung noch nie, vor vier Jahren in Deutschland waren sie gar nach drei blamablen Niederlagen in der Vorrunde sang- und klanglos ausgeschieden. Das sollte diesmal alles ganz anders werden. Daß nach Superstar Paul Gascoigne (Tottenham, auf dem Weg nach Rom) auch noch Peter Barnes (Liverpool) ausfiel, Chris Waddle (Marseille) sich mit Teamchef Graham Taylor überworfen hatte, schien am Optimismus wenig zu ändern. Taylor jedenfalls gab vor dem Start ein treffliches Beispiel von englischem Chauvinismus. »Lehnt euch in den Fernsehsesseln zurück, legt die Beine hoch«, riet er in aller Bescheidenheit den daheimgebliebenen Fans, »und amüsiert euch, wie wir Europameister werden.«

Das Vergnügen zum Auftakt indessen hielt sich in Grenzen. Woran schließlich auch der Umstand nichts änderte, daß die Repräsentanten aus dem Mutterland des Fußballs laut Aufstellung zur großen Offensive hatten ansetzen wollen. Auf die neuzeitliche Einrichtung eines Liberos hat Taylor zwar lieber verzichtet und in konservativer Überzeugung die traditionelle Vierer-Abwehrkette bevorzugt: Keith Curle (Manchester City), Stuart Pearce (Nottingham), Des Walker (Nottingham), Martin Keown (Everton). Dafür durften neben seinem Mannschaftskapitän und Torschützenkönig Gary Lineker (Tottenham Hotspur) auch Paul Merson und Alan

Außenseiter Dänemark, erst zwei Wochen vor Beginn der EM für die von der FIFA und der UEFA gesperrten Jugoslawen in das Endrunden-Achterfeld gerückt, wurde für England zum ersten Stolperstein auf dem angestrebten Weg ins Halbfinale. Die hochfavorisierten Kicker and Rusher aus dem Mutterland des Fußballs kamen in Malmö über ein 0:0 gegen die wackeren Rot-Weißen nicht hinaus. »Es war wie immer«, sinnierte Englands Trainer Graham Taylor, »hätten wir unsere Chancen genutzt, hätten wir sicher gewonnen.« Wer könnte dem widersprechen. Im Bild vergibt Italo-Engländer David Platt (AS Bari) seine Chance vor dem Tor des Anglo-Dänen Peter Schmeichel (Manchester United).

Smith stürmen, die beiden Angreifer von Arsenal London. Was die drei anfangs auch taten, eine halbe Stunde lang sorgten sie für einige Verwirrung in der dänischen Verteidigung. »Hätten wir in dieser Phase das 1:0 gemacht«, vermutete hinterher Lineker, »dann wäre vieles leichter geworden.«

■ Englands erste Null-zu-Null-Nummer

Mag sein, doch weder David Platt vom AS Bari noch Smith und Merson überwanden den weitgehend unsicheren Schlußmann Peter Schmeichel, den sie kennen müßten, weil er bei Manchester United das Tor hütet. Nach der Pause agierte der eingewechselte Tony Daley von Aston Villa aussichtsreich, doch außer ein paar Ecken und Freistößen brachte Taylors Ensemble nach dem anfänglichen Sturmlauf recht wenig zustande. »God save the team«, hatten die 5000 englischen Fans noch inbrünstig zur Nationalhymne gesungen, später wurden sie ziemlich ruhig. Der Trainer freilich war um Erklärungen hinterher nicht verlegen. So schlecht sei das doch gar nicht gewesen, schließlich absolviere die Mehrheit in seinem Team ihr erstes großes Turnier. »Da

Dänemark – England 0:0
Austragungsort: Stadion Malmö
Dänemark: Schmeichel; Olsen; Sivebaek, K. Nielsen, Christofte; Vilfort, Laudrup, Jensen, Andersen; Christensen, Povlsen
England: Woods; Curle (ab 62. Daley), Walker, Keown, Pearce; Merson (ab 71. Webb), Steven, Palmer, Platt; Smith, Lineker
Schiedsrichter: Blankenstein (Niederlande)
Tore: keine
Zuschauer: 26 385
Gelbe Karten: Sivebaek – Curle, Pearce, Daley

Bei der abschließenden Pressekonferenz vor dem EM-Auftaktspiel gegen Dänemark hatte Englands Teamchef Graham Taylor, nicht gerade ein Meister der hohen Kunst des britischen Understatements, den Millionen Fans auf der Insel noch viel Fußball-Vergnügen versprochen: »Lehnt euch in den Fernsehsessel zurück, legt die Beine hoch und amüsiert euch, wie wir Europameister werden.« Nach dem Abpiff klang er schon etwas kleinlauter: »Wir werden uns sicher noch steigern.« Nun, gesteigert hatten sich in dem fraglichen Spiel eher die Dänen, unter ihnen Mittelfeldregisseur Brian Laudrup vom deutschen Rekordmeister FC Bayern, der »Star des Abends« (»Ekstra Bladet«). Im Bild Laudrup und Carlton Palmer von Sheffield Wednesday.

Szenen aus einem torlosen, aber mitnichten trostlosen Spiel: Oben: Keith Curle (Manchester City) und Hendrik Andersen (1. FC Köln) im griechisch-römischen Stil; rechts: Peter Schmeichel schlägt die Hände über dem Kopf zusammen – gerade ist ein Schuß von John Jensen vom Innenpfosten des Englands-Tors zurückgeprallt.

Oben: Keith Curle und Brian Laudrup im dänisch-englischen Stil (links), sowie Brent Christensen vom FC Schalke 04 und Des Walker von Nottingham Forest im freien Stil (rechts); links: Blick zurück ohne Zorn: Auch dieser Ball verfehlte Woods' »Kasten«, es blieb beim 0:0.

macht man sich doch kaum Vorstellungen, was da das erste Spiel für einen Streß bedeutet. Ich bin zufrieden damit, wie sie das bewältigt haben.« Und im übrigen: »Wir werden uns ganz sicher steigern.«
Gesteigert haben sich vorerst eher die Dänen. Mit zunehmender Spieldauer begann sich der Ausflug der rotweißen Anhänger zu lohnen, die zu Tausenden mit der Fähre von Kopenhagen rüber nach Malmö gefahren waren. Von wegen krasser Außenseiter ohne Chance – der Ersatzkandidat kam allmählich in Schwung. In der ersten Halbzeit, so Povlsen, »waren wir gar nicht richtig auf dem Platz. Die nötige Aggressivität und Härte hat

In der zweiten Halbzeit des Spiels gegen England (oben: Kim Vilfort in Bedrängnis; rechts: Stuart Pearce contra Flemming Povlsen) zeigten sich die Dänen leicht überlegen. Hendrik Andersen: »Gegen die Engländer hat doch nur das Tor als i-Tüpfelchen gefehlt, das wir mehrfach hätten machen können!« Sein Teamkamerad Flemming Povlsen (Borussia Dortmund) zog eine eher positive Bilanz: »Als ich von unserer EM-Teilnahme erfahren habe, war ich total ausgelaugt von der langen Saison und sah keine Chance, mit den anderen Mannschaften mitzuhalten. Doch dieses Spiel hat nicht Kraft gekostet, sondern neue gebracht!«

gefehlt«. Doch das sollte sich ändern. Libero Lars Olsen (31), bei Trabzonspor in der Türkei aktiv, organisierte souverän die Abwehr; Routinier John Sivebaek (30/77 Länderspiele) vom AS Monaco machte als Außenverteidiger mächtig Druck; im Mittelfeld fielen John Jensen, früher für den Hamburger SV am Ball, und vor allem Brian Laudrup vom FC Bayern München auf. Der trickste, als wollte er sich noch schnell nach Italien dribbeln zum AC Florenz und seinem Freund Stefan Effenberg oder nach Barcelona zu seinem Bruder Michael. Mit jedem gelungenen Spielzug wurden die Skandinavier selbstbewußter, der Lohn wäre in der 66. Minute beinahe der Führungstreffer gewesen. Jensen traf aus zwölf Metern Entfernung nur den Innenpfosten, die Kugel rollte parallel zur Torlinie wieder weg vom Tor, verfehlte die andere Begrenzung nur um Zentimeter. Laudrup hatte schon recht: »Wir hätten eigentlich gewinnen müssen.«
Mehr konnte man von den Dänen kaum erwarten. Nur zwölf Tage hatten sie Zeit, sich auf die Endrunde vorzubereiten, unterbrochen worden war die Testphase überdies vom letzten Spieltag der dänischen Meisterschaft. Doch Flemming Povlsen hatte allmählich Lust bekommen auf die EM. Urlaub und Müdigkeit seien kein Thema mehr, versprach der Stürmer: »Das 0:0 setzt bei uns bestimmt noch Kräfte frei.«

BLANC
5
5
20

Überleben und Überleben lassen

Politesse vor »Bandenwerbung« Britannias.

Als Schiedsrichter Sandor Puhl aus Ungarn dem traurigen Gekicke endlich ein Ende machte, riß Frankreichs Mittelstürmer Jean-Pierre Papin begeistert die Arme hoch. Ins Tor hatte in den vorangegangenen eineinhalb Stunden zwar auch Europas Fußballer des Jahres nicht getroffen, aber seine Mannschaft hatte wieder einen Punkt gewonnen, nach dem 1:1 gegen Schweden diesmal 0:0 gegen England gespielt. Einfach großartig. Die Mehrheit der 26535 Eintrittszahler im Stadion von Malmö pfiff derweil, was die müden Lungen noch hergaben nach der einschläfernden Veranstaltung, doch dafür hatten die Akteure nun wirklich kein Verständnis. Die können mich mal, muß sich auch Eric Cantona gedacht haben, Papins einfallsloser Angriffskollege: »Wir sind dem Publikum nichts schuldig.«

War das die Berufsauffassung von zwei Mannschaften, die in Schweden um den kontinentalen Titel streiten wollten? Einem ehemaligen Ballkünstler wie dem französischen Teamchef Michel Platini muß ein derart klägliches Geschiebe in der Seele wehtun – zwischenzeitlich forderten die verärgerten Anhänger sogar seinen Einsatz als Stürmer –, aber auch er sah sich gefangen im Zwang, nur ja nicht zu verlieren. »Es tut mir leid, daß das Niveau nicht besser war«, entschuldigte sich das einstige Idol, »aber das wichtigste war, daß wir heute kein Gegentor kassiert haben.« So sieht's aus, der Zweck heiligt die Mittel. Hauptsache, Frankreich war dem Halbfinale einen Schritt nähergekommen. Daß ein Kopfstoß des eingewechselten Jocelyn Angloma und ein mißglückter Abwehrversuch des englischen Verteidigers Des Walker die einzigen Gelegenheiten waren, das Ergebnis zu verändern, schien die »Equipe tricolore« nicht weiter zu beunruhigen. »Man muß auch unsere Situation verstehen«, bat Platini, und sein früherer Mitspieler und jetziger Mittelfeldmann Luis Fernandez verriet: »Wir wußten, was für uns gegen England auf dem Spiel stand.« Nichts als Ausreden und

Das als »Gipfeltreffen« der EM-Gruppe 1 angekündigte Spiel Frankreich gegen England geriet zu einer äußerst flachen Partie. Die Kontrahenten trennten sich in Malmö torlos 0:0 (im Bild: Chris Woods klärt gegen Laurent Blanc) und blieben erneut den Beweis ihrer Klasse schuldig. Man hatte überlebt – aber wie unsicher letztendlich Sicherheitsfußball sein kann, zeigte der weitere Verlauf des Turniers. Beide Teams mußten nun gegen ihre nordischen Gegner gewinnen, um ins Halbfinale vorzustoßen. Doch Dänen und Schweden hatten da so ihre eigenen Pläne.

Linke Seite: Ich will den Ball haben! Gib mir sofort den Ball ab, Basile! Links: Ja, wo läuft er denn, wo läuft er denn hin? Siehste, Gary, nun isser weg, der Ball. – Toraktionen waren in der von Taktik geprägten Begegnung Frankreich–England Mangelware. Angriff ist gut, Abwehr ist besser, lautete die Devise beider Trainer. So blieb Jean-Pierre Papin bei Des Walker ebensogut aufgehoben wie Englands Torjäger Gary Lineker beim dunkelhäutigen Abwehrrecken Basile Boli.

Linke Seite: Fußball-Akrobat Martin Keown vom FC Everton versucht sich in der Kunst des beidfüßigen Ballbesitzens. Sehr viel Ansehnlicheres brachten während der 90 Minuten weder Engländer noch Franzosen auf die Beine: Die 26 535 Zuschauer im Stadion Malmö bekamen für ihr Eintrittsgeld (bis zu 450 Kronen) gerade mal drei gute Szenen zu sehen – Shearers Hechtsprung knapp am Ball vorbei vor Martinis Tor (53.), einen torgefährlichen Kopfball von Angloma (61.) und den Wembley-verdächtigen Freistoß von Pearce an die Unterkante der Latte (86.)

die Beteuerung, es zukünftig ganz bestimmt besser zu machen. »Im nächsten Spiel«, so Platini, »wird man eine ganz andere französische Elf erleben.«

■ Englands zweite Null-zu-Null-Nummer

Ähnliches hatten auch die Engländer versprochen nach ihrer Nullnummer gegen Dänemark, doch die brachten beim zweiten Versuch eher noch weniger zuwege als beim ersten. »Unser größtes Problem ist, daß wir wieder lernen müssen, zu gewinnen und Tore zu erzielen«, erklärte Trevor Steven, der Dauerläufer aus dem wirkungslosen Mittelfeld. Doch welcher Brite sollte schon die Kugel ins Ziel treten, wenn mitunter bereits der einfachste Flachpaß erhebliche Probleme bereitete? Fünf verschiedene Offensivkräfte hatte Trainer Graham Taylor in 180 Minuten bereits aufs Feld geschickt: Zweimal Gary Lineker, dazu je einmal Paul Merson und Tony Daley sowie Alan Shearer und Alan Smith. Doch vor dem gegnerischen Heiligtum erstarrten sie schließlich alle in Ehrfurcht. Die besten Möglichkeiten hatten von der Strafraumgrenze David Platt (69.) und kurz vor Schluß Stuart Pearce, dessen Freistoß gegen die Unterkante der Querlatte krachte. Daheim waren die erwartungsfrohen Beobachter der Verzweiflung nahe. »Alles was wir wollen«, titelte der »Daily Mirror« anderntags, »ist ein Tor«.

In diesem Fall hatten sie auf der Insel erneut Pech, dafür wartete ihre Aus-

wahl in Malmö mit einer anderen Sensation auf. Carlton Palmer (26) von Sheffield Wednesday gebührt die Ehre, als erster Libero einer englischen Nationalmannschaft in die Geschichte einzugehen. Bisher war diese Erfindung auch von Taylor als neumodischer Schnickschnack abgelehnt worden, doch Palmer durfte die traditionelle Vierer-Abwehrkette erstmals verlassen und sich als freier Defensivgestalter versuchen. Er tat es nicht übermäßig elegant, aber durchaus zur Zufriedenheit. Wie beliebt eine solche Funktion freilich auch zuhause in der Ersten Division ist, gab Palmer unfreiwillig zu verstehen: »Ich habe die Rolle schon ein paar Mal in meinem Verein gespielt, kann mich aber nicht mehr erinnern, wann.« Viel lieber

Frankreich – England 0:0

Austragungsort: Stadion Malmö

Frankreich: Martini; Blanc; Boli, Casoni; Amoros, Deschamps, Sauzee (46. Angloma), Fernandez (76. Perez), Durand; Papin, Cantona

England: Woods; Palmer; Walker, Keown; Sinton, Batty, Steven, Platt, Pearce; Lineker, Shearer

Schiedsrichter: Puhl (Ungarn)

Tore: keine

Zuschauer: 26 535

Gelbe Karten: Fernandez – Batty

Wie schon beim 1:1 gegen Schweden vermochte vor allem das französische Mittelfeld nicht, an die Leistungen in der EM-Qualifikation mit 16:0-Punkten anzuknüpfen. Nur in einigen Phasen durch Routinier Amoros und in den letzten Minuten durch Deschamps (links oben) bekam das Spiel der Equipe tricolore effektivere Züge. Bei einem Kopfball des eingewechselten Angloma mußte Sinton für seinen bereits geschlagenen Torhüter Woods (oben, bei der Regieanweisung) auf der Linie retten.

Das 0:0, das Frankreichs Teamchef Platini eher peinlich war, erfüllte Englands Trainer Graham Taylor (links) mit Stolz und Optimismus: »Ich bin sehr zufrieden. Wir wußten vorher, daß wir drei Gruppenspiele haben. Deshalb werden wir uns jetzt mit einem Sieg gegen Schweden ins Halbfinale kämpfen.« Eine allzu kühne Perspektive, kann man da rückblickend nur sagen.

LINEKER
10
BATTY
19
13
6
7

Gute Nachbarn unter sich: Trevor Steven (Olympique Marseille) und Luis Fernandez (AS Cannes) gerieten bei der Begegnung England–Frankreich des öfteren aneinander, meist mit dem Ergebnis, daß beide zu Fall kamen (oben: Trevor macht den Anfang; ganz oben: gleich folgt ihm Fernandez auf dem Fuße). »Ich möchte mich für die schwache Leistung meiner Mannschaft entschuldigen«, sagte Michel Platini nach dem Abpfiff dieser Partie, und sein englischer Kollege Graham Taylor sekundierte: »Gut waren wir nicht. Aber wir können besser werden.« Links: Deschamps entschärft einen englischen Angriff auf Martini.

helfe er eigentlich im Mittelfeld mit, doch der Patriotismus übertrifft bei seiner Person offenbar alle Wünsche. »Wenn es für England ist, würde ich mir auch das Torwarttrikot überziehen.«

■ »Wenn die Zuschauer Unterhaltung wollen, sind sie hier falsch«

Recht so, das freut den Trainer und die Fans. An solcher Hingabe könnte sich vor allem der Teamkamerad David Platt ein Beispiel nehmen. Der war in der vergangenen Saison für schlappe 16,5 Millionen Mark nach Italien ins sonnige Bari transferiert worden, verdiente dort rund eine Million jährlich und soll von Juventus Turin noch mehr Geld angeboten bekommen haben. Einer wie er lebt nicht schlecht von dem florierenden Kreislauf, den ursächlich das Interesse der Öffentlichkeit am Leben hält. Zur Empörung über die langweilige Aufführung aber fiel dem genervten Großverdiener nichts besseres ein, als dem Publikum Grundsätzliches zu dozieren. Selber schuld, welcher Ahnungslose aus London oder Nottingham anreist, um in langen schwedischen Sommernächten mitreißende Wettbewerbe zu erleben: »Wenn die Zuschauer Unterhaltung wollen«, so Platt, »dann sind sie hier falsch.«

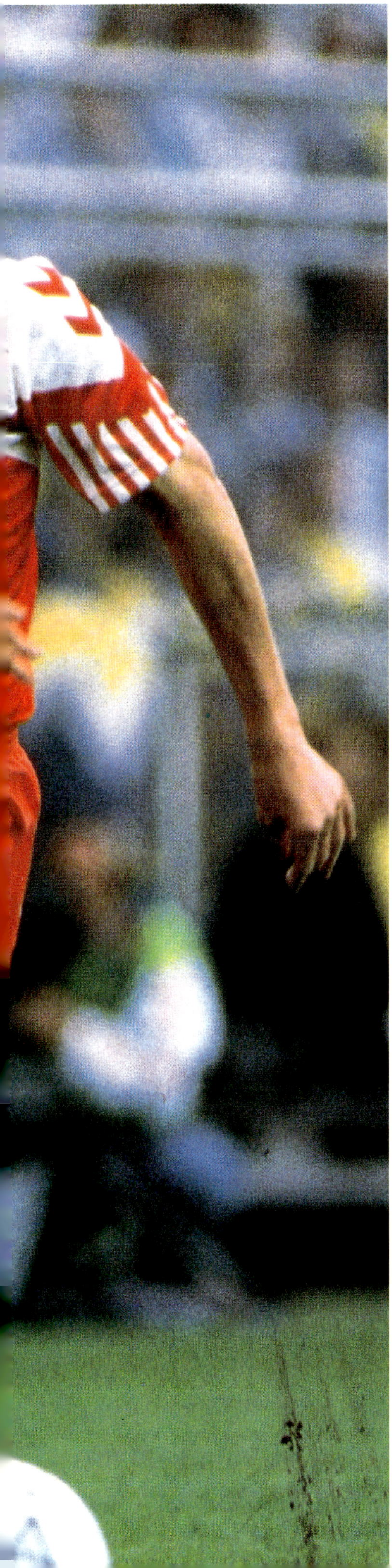

Götterdämmerung beim Gastgeber

Warten auf den »Goldenen Schuß«.

Das hätte sich Tommy Svensson auch nicht so leicht träumen lassen, daß ihm schon nach dem zweiten Match seiner schwedischen Elf höchst ungewöhnliche Fragen gestellt würden. Wen wünscht sich der Fußball-Lehrmeister als Gegner für das Halbfinale? Und ob er sich eine Chance ausrechne für das Erreichen des Endspiels? Sollte Schwedens Journaille plötzlich die ihren Landsleuten angeborene Reserviertheit und sympathische Zurückhaltung verleugnen wollen, gar größenwahnsinnig geworden sein? Natürlich nicht. Schwedens Fußballer hatten schlicht und ergreifend nach dem 1:0 (0:0) über den Nachbarn Dänemark allerbeste Chancen auf einen kaum erhofften Erfolg im eigenen Lande. Und Svensson hätte nun sagen können, wie wahnsinnig stolz er sei und daß sowas auch Genugtuung bedeute für einen, dem man nicht allzuviel zugetraut hatte. Svensson sagte indes: »Ich denke nur an den Mittwoch, an England, an nichts weiter.«

In der 6. EM-Partie erfreuten Schweden und Dänen Millionen Fußballfans in aller Welt mit einem rasanten Spiel im ausverkauften Stockholmer Rasunda-Stadion. Das Prestige-Duell der skandinavischen Nachbarn begann mit guten Möglichkeiten auf beiden Seiten. Schon in der zweiten Minute stellte Schwedens Stürmer Martin Dahlin (Borussia Mönchengladbach) seine Torgefährlichkeit mit einem Kopfball unter Beweis. Kurz darauf hatte der Däne Flemming Povlsen von Borussia Dortmund (im Bild bei der Verfolgung von Andersson) die erste Torchance.

■ Bester Blaugelber: Schwarz

Er dachte freilich mit angenehmen Gefühlen an das letzte Vorrundenspiel gegen die Vertreter von der Insel. Ein Unentschieden, und alles wäre gerichtet für einen von Enthusiasmus begleiteten Auftritt im Halbfinale. »Langsam erleben Schwedens Fußballer ihre Götterdämmerung«, vermeldete der Korrespondent der »Süddeutschen Zeitung«. Und ein bißchen Pathos war durchaus angebracht, nachdem die Schweden ihrem skandinavischen Rivalen (wie schon zuvor Frankreich) sachlich-nüchternen Tempofußball aufgezwungen hatten. Wenn der schlaksige Ingesson, die Kraftbolzen Thern und Schwarz oder der unprätentiöse, wenngleich insgesamt sehr effektive Limpar Dampf machen, dann geht die Post ab und gerät so manche Abwehr ins Schwitzen. Und ab und an kommt dazu

»Hier geht es um die Vorherrschaft in Skandinavien«, hatte der Gladbacher Schwede Martin Dahlin vor dem Anpfiff der ansehnlichen Partie Schweden–Dänemark verkündet. An der nötigen Motivation fehlte es folglich bei beiden nicht (links: schwedisch-dänisches Fuß-Ballett), die Schlußmänner bekamen entsprechend viel zu tun. Oben Schwedens Towart Thomas Ravelli, der in der 43. Minute die größte Tat in seinem 90. Länderspiel vollbrachte, als er einen knallharten Freistoß von Christofte um Haaresbreite um den Pfosten lenkte.

auch noch die Unterstützung von hinten, wo Nilsson, Eriksson, Björklund und Andersson wieder alles wegtraten, was auf sie zuflog (dabei jedoch mitunter das eine oder andere gegnerische Bein erwischten).

■ Gladbachs Dahlin einer der besten Schweden

Der Erfolg der Schweden resultierte auch gegen die Dänen wieder aus mannschaftlicher Geschlossenheit. Doch zwei Spieler von individueller Veranlagung stehen auch im Team von Svensson – und zwar ganz vorne. Der eine ist der junge Brolin (22) vom AC Parma, der andere Dahlin von Borussia Mönchengladbach. Beide setzten die Glanzlichter gegen eine diesmal weniger geordnete und versierte Elf um einen mittelmäßigen Brian Laudrup und fleißige, aber ohne Durchsetzungsvermögen agierende Stürmer names Christensen und Povlsen. Schon in der Anfangsphase hatte Dahlin die Chance zur Führung, hob den Ball aber über Torhüter Schmeichel und über das Tor. Dennoch: der dunkelhäutige Stürmer avancierte zum auffälligsten Akteur der ersten 45 Minuten, läuferisch stark, technisch beschlagen, wendig, trickreich. Da wird Mönchengladbachs Trainer Gelsdorf ziemlich komisch geguckt haben. Bei ihm saß Dahlin nach längerer Verletzung vornehmlich auf der Reservebank.

■ Brolins Spiel hat Hand und Fuß

Ein Schicksal, das Brolin in Parma nicht teilt. Die Italiener wissen, was sie an ihrem pausbäckigen, kleinen Wirbelwind haben. Alles, was der Stürmer macht, hat Hand und Fuß, darüber hinaus verfügt er angesichts seines Alters schon über erstaunliche Führungsqualitäten. Und jetzt darf man bloß einmal raten, wer am Siegtreffer maßgeblich beteiligt war. Dahlin gab die Vorlage, Schwarz verlängerte und Brolin brachte das Leder über die Linie. Danach kam von den Dänen keineswegs der Widerstand,

Schweden – Dänemark 1:0 (0:0)
Austragungsort: Rasunda-Stadion Stockholm
Schweden: Ravelli; R. Nilsson, Eriksson, P. Andersson, Björklund; Ingesson, Schwarz, Thern, Limpar (90. Erlingmark); Brolin, Dahlin (77. Ekström)
Dänemark: Schmeichel; K. Nielsen, Christofte, Olsen; Sivebaek, Vilfort, Jensen (63. Larsen), Laudrup, Andersen; Povlsen, Christensen (51. Frank)
Schiedsrichter: Schmidhuber (Ottobrunn)
Tor: 1:0 Brolin (59.)
Zuschauer: 28 000 (ausverkauft)
Gelbe Karten: P. Andersson – Andersen

der notwendig gewesen wäre, um nicht schon vorzeitig aller Chancen auf ein Weiterkommen verlustig zu gehen. Brolin konnte es sich sogar leisten, nach schöner Vorarbeit des eingewechselten Ekström (früher FC Bayern München) zwei Meter vor dem Tor für die Galerie zu spielen; sein Schuß wurde im letzten Moment abgeblockt. Ohnehin hatten die Dänen erst in der 43. Spielminute ihre erste vielversprechende Aktion zustandegebracht. Christophte (an dessen Verpflichtung der 1. FC Köln interessiert gewesen war) trat einen Freistoß, Torhüter Ravelli lenkte ihn in seinem 90. Länderspiel mit äußerster Mühe um den Pfosten. Es war kurz vor der Pause der erste Eckball für Richard Möller-Nielsens Team.
Man hatte die Schweden unterschätzt, keine Frage. Oder aber den Mannschaften mit großer Historie wie Frankreich und England zugetraut, sie könnten sich spielerisch hinwegsetzen über die Skandinavier. Denkste. »Teamgeist, Disziplin und Kaltblütigkeit«, meinte Svensson, zeichne die Schweden aus. Aber durchaus auch die leidenschaftliche Bereitschaft zum Kampf. Schließlich ist es nie schlecht, wenn das Herz dabei ist.

Aufgrund ihrer zunehmenden Überlegenheit im Mittelfeld wurden die Angriffe des Gastgebers immer gefährlicher. In der 24. Minute vergab Dahlin (oben inmitten von Christofte und Ingesson) die bis dahin größte Möglichkeit, als er frei vor Dänemarks Torwart Schmeichel den Ball über die Latte hob.
Bilder rechts: In der 39. Minute rettete Schmeichel gegen Thomas Brolin (links) vom AC Parma . . .

. . . der nach dem Seitenwechsel verstärkt auf den Führungstreffer drängt. In der 59. Minute ist es dann so weit: Dahlin flankt von rechts, Schwarz verlängert, Brolin drückt den Ball aus acht Metern zum 1:0-Endstand ins Tor (ganz rechts).

Schwedischer Sieg mit englischen Mitteln

Er bellte für Schweden: 2:1, wow!

Nach einer Stunde ging der Teamkapitän und mit ihm eine weitere Generation erfolgloser englischer Fußball-Nationalspieler. Gary Lineker (31), 48 Tore in 80 Länderspielen, zuletzt aktiv bei Tottenham Hotspur, verdient sein Geld fortan in der japanischen Profiliga, weit weg von der Insel, deren Auswahl auch er eine weitere Enttäuschung nicht ersparen konnte. Mit der Europameisterschaft wollte der WM-Torschützenkönig von 1986 seine internationale Karriere krönen. Es wurde ein Schlußakkord in Moll. Ein einziger Treffer fehlte Lineker, um den Rekord von Bobby Charlton zu erreichen, ein Treffer, der seiner Mannschaft am Ende sogar zum Halbfinale genügt hätte. Doch ein zweites Tor gelang in diesem Turnier weder ihm noch seinen Mitspielern: Lineker ausgewechselt, England ausgeschieden. Nach dem 2:1 (0:1)-Erfolg im letzten Vergleich der Gruppe 1 feierten die Gastgeber ihr Fest, die englischen Gäste hingegen mußten einmal mehr vorzeitig nach Hause, und Teamchef Graham Taylor blieb nur die bittere Erkenntnis: »Die Schweden haben uns mit unseren eigenen Mitteln geschlagen.«

Kick-and-Rush nennen die Erfinder aus Großbritannien so was: nach vorne getrieben den Ball und gnadenlos hinterhergerannt, so lange, bis der ermüdete Gegner Fehler macht.

■ »Die Engländer waren am Ende müder als wir«

Deren ureigenstes Spiel haben die Hausherren dem Gegner nach der Pause aufgedrängt, mit einem Siegeswillen, dem die Engländer schließlich nicht mehr standhalten konnten. »Die Engländer waren am Ende müder als wir«, befand Mittelfeldmann Stefan Schwarz: »Wir haben sie niedergekämpft.« Worauf die Begeisterung der heimischen Anhänger unter den 30 000 Zuschauern im Stockholmer Rasunda-Stadion keine Grenzen mehr kannte. Dort, wo Schweden vor 34 Jahren seinen letzten großen Triumph bejubeln durfte, damals 1958, als die Auswahl des Svenska Fotbollförbundet 3:1 gegen Deutschland gewann und ins WM-Endspiel einzog. Tommy Svensson (47) war damals noch ein Junge, jetzt stand er als Nationaltrainer nach 5:1 Punkten und 4:2 Toren aus der Vorrunde im Halbfinale der Europameisterschaft. Ein Ereignis, zu dem ihm vor allem eines einfiel: »Das ist sensationell.«

Nach einer weiteren Überraschung durch Svenssons Ensemble hatte es anfangs gar nicht ausgesehen. Im Gegenteil, zunächst haben die Engländer

Zwei Martins und ein Ball: Dahlin und Keown (oben) in der denkwürdigen EM-Begegnung des Gastgebers mit dem Mutterland des Fußballs. Zum Leidwesen der Engländer war die Kopie besser als das Orginal. »Die Schweden beherrschten unseren Stil besser als wir«, gab Englands Teammanager Graham Taylor nach dem Abpfiff tief enttäuscht zu. Strahlender Sieger war Schweden-Trainer Tommy Svensson: »Die zweite Halbzeit war die beste, die ich je von einem schwedischen Team gesehen habe.« Er wußte, wovon er sprach – schließlich hat Svensson in seiner aktiven Zeit 40 Länderspiele bestritten.

Sie traten an, England die Tür ins Halbfinale zu öffnen, doch die Schweden schlugen sie ihnen vor der Nase zu. Stehend von links: Walker, Woods, Palmer, Lineker, Webb, Keown; kniend von links: Batty, Pearce, Platt, Sinton, Daley. In der 1. Halbzeit sahen die furios gestarteten Insulaner im ausverkauften Stockholmer Rasunda-Stadion noch wie der sichere Sieger aus, doch das Happy-End blieb dem Platzherrn vorbehalten.

aufgetrumpft, wie es ihnen bei den torlosen Unentschieden gegen Dänemark und Frankreich nicht annähernd gelungen war. Und bereits nach vier Minuten schaffte David Platt, was in den 180 Minuten zuvor keiner vormachen konnte: ein Tor. Zuletzt hatte Platt mit einiger Arroganz den Unterhaltungswert seiner Branche in Frage gestellt, diesmal konzentrierte sich der millionenschwere Stürmer auf seinen Job und traf nach prima Vorarbeit von Lineker volley ins Netz. Schlußmann Thomas Ravelli griff bei seinem 91. Einsatz für die Nation ins Leere, die Schweden schienen frühzeitig so angeschlagen wie ihre blutverschmierten Spieler Klas Ingesson und Jan Eriksson. Mannschaftsführer Jonas Thern versuchte sein Glück aus 20 Metern, die besseren Gelegenheiten aber hatten auch weiterhin die Gäste: erst Platt, später binnen drei Minuten zweimal der flinke Tony Daley und Andy Sinton.

■ Doppelter Doppelpaß zum 2:1

Auf der anderen Seite waren Thomas Brolin und Martin Dahlin bei Des Walker und Martin Keown bestens aufgehoben, gefährlich wurden die Skandinavier erst kurz vor der Pause. Schwarz traf im Strafraum den Ball nicht richtig, Brolin fiel in der gleichen Zone unfreiwillig auf den Rasen, doch der Pfiff des Portugiesen José Rosa dos Santos blieb zur Empörung der Fans aus.

Das war ärgerlich für den schwedischen Trainer Tommy Svensson, die Folge indes entschädigte leicht: »Danach spielten wir großen Fußball.«

Großer Fußball, eingeleitet ausgerechnet mit dem Austausch von Mittelfeldmann Anders Limpar gegen Offensivkraft Johnny Ekström, der sich bei seiner ausgedehnten Europatournee unter anderem erfolglos beim FC Bayern in München versucht hat. Mit Ekström kam Leben ins schwedische Spiel, und nach 52 Minuten war alles wieder offen: Flanke Schwarz, Kopfball Eriksson, 1:1. Womit Eriksson, der bereits gegen Frankreich getroffen hatte, seinem Wunsch wieder ein Stück nähergerückt war, vom 1. FC Kaiserslautern in die Bundesliga eingekauft zu werden. Den ermatteten Engländern dagegen half auch Alan Smiths Hereinnahme für Lineker nichts, das Geschehen bestimmte der Kontrahent. Gegen Ingesson konnte

Nach Englands »Nullnummern« gegen Dänemark und Frankreich in den ersten beiden Gruppenspielen hielten es die Sportjournalisten vom »Daily Mirror« nicht mehr aus. Die Gazette brachte am Tag vor dem Schweden-Spiel auf der letzten Seite zwei große Fotos, unter denen geschrieben stand: »Das ist ein Ball, das ist ein Tor, da muß er rein!« David Platt schien die Anweisung gut studiert zu haben: Nach Lineker-Flanke schoß der Italien-Legionär in der 4. Minute volley zum 1:0 in Ravellis langes Eck ein (oben). Links: Neil Webb contra Thomas Brolin.

Stuart Pearce noch klären, Ekströms Fernschuß strich über die Querstange, doch dann kam die große Nummer von Thomas Brolin. Doppelpaß mit Ingesson, Doppelpaß mit Dahlin, plazierter Schuß aus dem Fußgelenk: elftes Tor im 16. Länderspiel. Chris Woods und seine Vorderleute waren besiegt von einem Treffer, der zur gegnerischen Vorführung paßte. »Was wir in der zweiten Halbzeit gezeigt haben«, schwärmte Svensson, »war das Beste, was ich jemals von einem schwedischen Team gesehen habe.«

■ Die Nacht der Hooligans

Die Sieger tauchten ein in den nationalen Taumel, die Verlierer mußten mit dem Schlußpfiff das vernichtende Urteil aus der Heimat fürchten. Allen voran der Teamchef, in solchen Fällen meist das beliebteste Opfer. Was nun, Mr. Taylor? »Ich besitze noch einen Vertrag mit dem englischen Verband für die WM-Qualifikation«, erklärte der Trainer. Ob er den noch erfüllen darf, haben andere zu entscheiden, und alles weitere liegt auch an den englischen Fans. Am Vortag war einer ihrer mehr als 4000 mitgereisten Landsleute bei Prügeleien durch Messerstiche verletzt worden, vor Spielbeginn wurden 24 randalierende Briten festgenommen. Nach der Niederlage verliehen andere ihrer Enttäuschung auf bewährte Art Ausdruck: Zehn Verletzte, 64 Verhaftungen und etliche Materialschäden lautete die unrühmliche Bilanz am folgenden Morgen. Die Europameisterschaft 1996 will England selbst ausrichten, nach 30 Jahren wieder zum Großereignis auf die Insel laden und den Pokal dort möglichst selbst gewinnen. Die neuesten Vorfälle indes gaben der UEFA zu denken. Am Ende verhindern schon die Hooligans den nächsten Versuch, das verschrammte Image eines britischen Lieblingssports endlich aufzupolieren.

Nach der Pause kamen die Schweden: Ecke Schwarz, Kopfball Eriksson – 1:1 (52.). In der 83. Minute dann ein doppelter Doppelpaß Ingesson-Dahlin-Brolin, der hoch in die rechte Torecke zum 2:1-Endstand einschoß. »Brolin radierte England aus«, titelte »Tuttosport« (Turin) martialisch, und »Svenska Dagbladet« etwas gefühlvoller: »Die zweite Halbzeit war ein Wunder. Sekunden der Magie für Brolin« (oben: im Sturmlauf; rechts: nach dem Abpfiff im englischen Hemd).

Als besten Spieler auf dem Platz hat Svensson seinen Mittelfeldmann Stefan Schwarz (oben, verfolgt von Palmer) gelobt, der die Eckstöße in Richtung Eriksson zirkelte, so auch zum 1:1-Ausgleich in der 52. Minute. Der Sohn eines deutschen Vaters: »Ich habe zwei Jahre lang bei Bayer Leverkusen in der A-Jugend bei Jürgen Gelsdorf gespielt und mich dort sehr entwickelt.« Gary Lineker (rechts), ausgewechselt in der 62. Minute, hatte nach dem Schweden-Spiel nicht viel zu sagen. »The Times« (London) nahm für ihn das Wort: »Ein trauriges Ende für Weltklasse-Mann Lineker. Sein Spiel und das seines Teams wurden von Taylor taktisch zerstört.«

Schweden – England 2:1 (0:1)
Austragungsort: Rasunda-Stadion Stockholm
Schweden: Ravelli; Nilsson, Eriksson, Andersson, Björklund; Ingesson, Thern, Schwarz, Limpar (46. Ekström); Dahlin, Brolin
England: Woods; Batty, Keown, Walker, Pearce; Daley, Webb, Palmer, Sinton (78. Merson); Platt, Lineker (62. Smith)
Schiedsrichter: dos Santos (Portugal)
Tore: 0:1 Platt (4.), 1:1 Eriksson (52.), 2:1 Brolin (83.)
Zuschauer: 30 126 (ausverkauft)
Gelbe Karten: Andersson, Schwarz, Björklund – Daley

hummel
13

Fini Platini – der Fall des Favoriten

Frankreich am Boden – quelle surprise!

In einer Kabine des Malmöer Stadions sangen kräftige Männerstimmen die Marseillaise. Fehlerhaft zwar, aber dafür umso inbrünstiger. Ein fremder Akzent war unüberhörbar – die Dänen waren es, die die französische Nationalhymne aus ihren rauhen Kehlen hören ließen.

Michel Platini klang es wie Hohn in den Ohren. Nur wenige Meter entfernt saß der Teamchef der Equipe tricolore vor der versammelten Presse und suchte nach Worten für das Unglaubliche, das 1:2 gegen die Außenseiter aus dem kleinen Staate Dänemark. Nur kurz gab Platini ein paar Statements ab, dann verschwand er, ohne Fragen beantwortet zu haben.

»Die Franzosen gedemütigt und eleminiert«, schrieb »France-Soir« am nächsten Morgen.

Das war nicht übertrieben. Mit acht Siegen hatte sich die Mannschaft für Schweden qualifiziert – nun hatte der Mitfavorit auf den EM-Titel kein einziges Spiel gewonnen und war schon vor dem Halbfinale aus dem Turnier raus. »Wir haben hier nur 80 Prozent gebracht«, meinte Platini tags darauf vor der Rückkehr in die Heimat.

Flug IT 4821 nach Paris, eine Woche früher als gedacht. »Wir haben nach den drei Spielen hier nichts unter den letzten vier Mannschaften verloren«, urteilte das Idol traurig, das Bierglas in der linken, die Zigarette in der rechten Hand. »Viele meiner jungen Spieler waren dem nervlichen Druck nicht gewachsen.«

■ Platini am falschen Platz

Ihnen fehlte ein Platini, ein Kopf, ein Lenker, wie er es vor acht Jahren gewesen war, als Frankreich mit zauberhaftem Fußball Europameister wurde. Weder Didier Deschamps noch Christian Perez, Frank Sauzee oder Platinis einstiger Weggefährte Luis Fernandez waren in der Lage, dem Spiel in kritischen Situationen eine klare Linie zu geben.

Am 17. Juni um 23 Uhr war nach dem Abschied Englands die zweite Sensation des Abends perfekt: Das vor Beginn der EM als »Ferientruppe« belächelte Team Dänemarks hatte den heiß gehandelten Titelkandidaten Frankreich mit 2:1 aus dem Turnier geworfen. »Dänischer David ließ französischen Goliath aufheulen!«, kommentierte »Ekstra Bladet«, und »Mondo Deportivo« (Barcelona) machte den anzüglichen Witz »Wikinger entblättern Marianne«. Hendrik Larsen (rechts): »Das ist noch schöner als Ferien.«

Und im Angriff verfügte die Elf der Grande Nation nur über einen torgefährlichen Mann: Jean-Pierre Papin (28), für die Rekordsumme von 25 Millionen Mark von Meister Olympique Marseille zum Star-Ensemble AC Mailand gewechselt. Der kleine Fuchs Papin schoß beide Tore in der Vorrunde, eins davon zum Ausgleich gegen die Dänen.

■ Dänische Showverderber

Aber sonst? Sein Nebenmann Eric Cantona vom englischen Meister Leeds United, zu Jähzorn und Selbstherrlichkeit neigend, war ein glatter Ausfall. Platini: »Wir Franzosen träumen immer von der großen Show und vielen Toren. Doch das war mit der Mannschaft, die mir hier zur Verfügung stand, einfach nicht realistisch.«
»Die Franzosen haben zu arrogant gespielt«, urteilte der immens fleißige Dortmunder Däne Flemming Povlsen zutreffend. »Sie wollten Hackentricks probieren und solche Scherze.« Sie wollten glänzen unter dem Auge ihres einst auf dem Rasen genialen Technikers Platini. »Das haben wir«, sagte Povlsen, »mit großem Einsatz niedergekämpft.«
In der ersten Halbzeit hatte Dänemark gespielt wie zu Anfang der 80er Jahre, als die ausgelassenen Fans auf den Tribünen lauthals reimten: »We are red, we are white, we are danish dynamite!« Die Mannschaft von Trainer Richard Möller-Nielsen begann wie entfesselt und drückte die verdutzten Blau-Weißen an die Wand. Erst in der 19. Minute bekam Papin erstmals den Ball an den Fuß, bei Kim Christofte war »Europas Fußballer des Jahres 1991« ebenso in sicheren Händen wie Cantona bei Kent Nielsen.

■ Französische Spielverlierer

Auf der anderen Seite traf Hendrik Larsen mit einem fulminanten Volleyschuß schon nach sieben Minuten zum 1:0. Die Franzosen verloren fast jeden Zweikampf.
Erst durch die Einwechslung von Routinier Luis Fernandez (32), der schon anno 1984 zum Europameisterteam gehörte, wurden sie nach der Halbzeitpause gefährlicher. Eine Stunde dauerte es, bis Platinis Elf sich doch durchzusetzen schien, Papin für einmal Christofte entwischte und ausglich. »Da waren wir schon so gut wie weg«, sagte Povlsen hinterher.
Aber Möller-Nielsen hatte jenes glückliche Händchen, das die Heimreise aufhielt. In der 69. Minute brachte er Lars Elstrup vom Zweitligisten Odense BK, neun Minuten später verwertete der Stürmer eine Vorlage von Povlsen zum 2:1, »das wichtigste Tor, das ich je geschossen habe«. Der Weg ins Halbfinale war wieder freigekämpft. »Ich weiß nicht, woher wir die Kraft zu diesem Spiel genommen haben«, fragte sich Bayern Münchens Dribbler Brian Laudrup, der von Krämpfen geplagt den Platz für Elstrup hatte räumen müssen.

■ Schweben auf Wolke sieben

Auf den letzten Drücker waren die Dänen für das international geächtete Rest-Jugoslawien ins Turnier gerückt, von ausgeklügelter und ausreichender Vorbereitung konnte kaum die Rede sein. Wohl wegen der Begleitumstände hatten Engländer und Franzosen den Außenseiter bös unterschätzt. »Es soll keiner glauben, daß wir trotz der gelösten Atmosphäre hier ein lockeres Leben hätten. Wir haben hart gearbeitet«, meinte Möller-Nielsen noch am Tag vor dem Coup gegen Platini. Dennoch traf die Dänen

Das dänische Dynamit, jener vermeintlich schon seit Jahren entschärfte Sprengstoff, explodierte gegen Frankreich wieder. Die Lunte legte meist Povlsen mit herrlichen Pässen, während Jensen die Gegenattacken im Mittelfeld entschärfte, Dribbelkünstler Brian Laudrup und der kopfballstarke Jon Sivebaek (linke Seite oben im Duell mit Vahirua) mal hier, mal da dazwischenfunkten und der Sturm für die Knalleffekte sorgte: 1:0 (7.) durch Larsen (oben), 2:1-Endstand (78.) durch Elstrup. Au revoir, la France.

der Erfolg unvorbereitet: Im Spielort ihres Halbfinales, in Göteborg, hatten sie beim Schlußpfiff noch nicht einmal Quartier zugesagt bekommen, einige Spieler mußten ihren fest gebuchten Urlaub absagen. Geärgert hat sich vermutlich keiner. »Im Moment«, beschrieb Flemming Povlsen die Gemütslage, »schweben wir auf Wolke sieben.«

■ Au revoir, la France

Für sie schloß sich nun der Kreis. Zuletzt waren sie 1984 im EM-Semifinale, als der damals 28jährige Teamkapitän Michel Platini in Frankreichs Namen noch zauberte, Pässe schlug und selber auch noch die Tore schoß. Jetzt war er 36, sorgenvoll, ausgeschieden und als Trainer einer glanzlosen Mannschaft wieder ganz am Anfang.
Er konnte einem leid tun.

Frankreich – Dänemark 1:2 (0:1)
Austragungsort: Stadion Malmö
Frankreich: Martini; Blanc; Casoni, Boli, Durand, Deschamps; Perez (80. Cocard), Vahirua (46. Fernandez), Amoros; Papin, Cantona
Dänemark: Schmeichel; Olsen, Christofte, Kent Nielsen (61. Piechnik); Sivebaek, Larsen, Jensen, Laudrup (69. Elstrup), Andersen; Povlsen, Frank
Schiedsrichter: Forstinger (Österreich)
Tore: 0:1 Larsen (7.), 1:1 Papin (60.), 1:2 Elstrup (78.)
Zuschauer: 25 763
Gelbe Karten: Perez, Boli, Casoni, Deschamps – Povlsen, Frank

»Brave Dave – er traf, aber es reichte nicht für ‚poor old England'«, schrieb der »Mirror« voller Mitgefühl für den wackeren Torjäger David Platt (links), nachdem Gastgeber Schweden das Mutterland des Fußballs 2:1 bezwungen und ihm damit den Einzug ins Halbfinale verpatzt hatte. Platt, der in der vierten Spielminute das 1:0 für England erzielte, tat auch Thomas Brolin (rechts) leid, seinem Kollegen vom Schweden-Sturm und Schützen des 2:1-Siegtreffers. Und wer tröstete Michel Platini, den Trainer des von den Dänen entthronten Top-Favoriten der EM? Niemand. »Liberation« (Paris): »Frankreich untröstlich angesichts einer trostlosen Vorstellung der Equipe tricolore.«

A la maison! Nach Hause!

Obiger Aufschrei, mit dem die französische Sportzeitung »L'Equipe« ihre Titelseite versah, drückt das Entsetzen aus, das in England und Frankreich herrschte. Nicht das Ausscheiden der beiden Mitfavoriten allein – Frankreich etwa hatte die Qualifikation mit makellosen 16:0 Punkten abgeschlossen –, sondern vor allem die schmählichen Niederlagen ihrer Teams sorgten in beiden Ländern für Trauer und Spott.

■ Daily Express

Was für ein Abgang, England! Die Schweden haben uns mit unseren eigenen Waffen geschlagen.

■ The Sun

Der traurige Anblick von Gary Lineker, wie er, öffentlich gedemütigt, vor dem Ende der Partie vom Platz trottete, war ein Skandal. Dieser Mann hat in 80 Länderspielen bis zum Umfallen für sein Land gekämpft. Seine tadellose Haltung, seine Bescheidenheit und sein Humor haben ihn in allem, was er tat, zum Vorbild werden lassen. Aber Graham Taylor machte ihn zum Buhmann für die erbärmliche Leistung eines auseinandergebrochenen Teams. Trete zurück, Graham!

■ Daily Mirror

Englands EM-Hoffnungen sind vorbei, zerschmettert von den völlig unterschätzten Schweden. Anstatt nach

Platts frühem Tor das Spiel zu dominieren, wurde England zur Halbzeit hin schwächer und in der zweiten Hälfte völlig überrannt. Die Schweden verbanden Kraft und Technik, bei Brolins traumhaftem Siegtor war Woods machtlos.

■ The Guardian

Englands Trainer mußte sich gegen viele Widrigkeiten durchwursteln. Nicht das ist ihm vorzuwerfen, sondern die Art und Weise, wie er damit umging. Er hätte nur zu sagen brauchen: »Seht her, wir haben Probleme; wir werden unser Bestes geben, aber erwartet nicht zu viel von uns.« Aber Schlichtheit ist nicht Taylors Art.

■ Le Figaro

Die durch die lange Siegesserie genährte Illusion der Unverwundbarkeit ist schlagartig zerstoben. Die Möglichkeit, die wir aus unseren Gedanken immer verdrängen wollten, ist eingetreten. Dieser 17. Juni ist ein schwarzer Tag für den französischen Fußball.

■ L'Equipe

In einer französischen Mannschaft, die von den Ereignissen überrollt wurde und Fehler auf Fehler häufte, war Cantona der einzige, der Normalform erreichte. Papin kam in den ersten 23 Minuten nicht ein einziges Mal an den Ball. Boli hatte Frank einigermaßen im Griff, aber er machte eine ganze Reihe von Fehlern. Auch Amoros wurde, trotz allen Einsatzes, vom Spielverlauf überrumpelt.

■ Le Monde

Eine einzige alptraumhafte Halbzeit genügte, um im Spiel der Equipe tricolore all jene Schwachstellen sichtbar zu machen, die man seit zwei Monaten vermutete, aber seit drei Jahren nicht hatte sehen wollen. Die genialen Attacken von Laudrup, die wie Dolchstöße wirkten, erinnerten uns schmerzlich daran, was für eine Art von Spieler dem französischen Team fehlt.

Sieg der Nieder- über die Hochländer

Rinus Michels, genannt »der General«.

Schaurig-schön hallten die Gesänge der schottischen Fans durch die taghelle schwedische Frühsommernacht. So kannte man die Kerle von der Insel bei großen Ereignissen des Fußballs, so mochte man sie: stets Verlierer, ausgeschieden in der Vorrunde, und trotzdem stimmgewaltig. Da hatten im Göteborger Ullevi-Stadion Schottlands Kicker also wieder einmal den kürzeren gezogen gegen eine Fußball-Großmacht, 0:1 im ersten Gruppenspiel gegen Titelverteidiger Niederlande, wieder einmal grölten die Fans ihre Bitternis hinaus, Kilt um die Hüfte, Wikinger-Plastikhelme auf dem Kopf, und doch war etwas anders diesmal: Der Dudelsack spielte plötzlich die falsche Melodie. Es erklangen die »Flowers of Scotland«, die Blumen Schottlands, ein Stück, das gewöhnlich nur zur Geltung kommt, wenn Schottland gewinnt, zur Erinnerung an ein ehrenvolles Gemetzel an den Engländern im Jahre 1314.

Vor fast 36 000 Zuschauern im Göteborger Ullevi-Stadion gelang den Niederländern ein knapper 1:0-Sieg über die kampf- und kopfballstarken Schotten (im Bild Richard Gough von den Glasgow Rangers). Trainer Rinus Michels nach dem Spiel: »Ich bin sehr glücklich, denn in so einem Turnier ist das erste Spiel ein großer Druck. Hier werden die Ausgangspositionen festgelegt.« Was die betraf, sah es nun nicht gut aus für die »Hochländer«: hinten mit 0:2 Punkten und vor sich, im nächsten Spiel, den Weltmeister . . .

■ »Vorwärts mit und ohne Ball«

Etwas besonderes mußte also passiert sein, zumal auch Teammanager Andy Roxburgh sich dem Stimmungswechsel der Fans anschloß: erst niedergeschlagen (»Das haben wir nicht verdient«), dann aber die Traurigkeit verscheuchend mit der Erkenntnis: »Wir wissen jetzt, daß wir gegen eine Mannschaft von diesem Standard gewinnen können.« Die Zuhörer nickten verständnisvoll, schließlich hatten die Schotten sich tatsächlich wacker geschlagen. Aber so mancher hat doch daran gedacht, daß der Schritt vom Können zum Tun meist der schwerste ist.

Was half es den Schotten letztlich, daß sie die Zeit des holländischen Sturmes und Dranges heil überstanden hatten? Ruud Gullit war da als Solotänzer über den Rasen gewirbelt mit seinen kaputten Knien, als wäre er nochmal zwanzig, schoß aber links vorbei, dann rechts und beim dritten Versuch darüber. Um das 0:0 zur Halbzeit hatte sich auch Torwart Andy Goram verdient gemacht, als er einen machtvollen Schuß von Frank Rijkaard aus dem kurzen Eck boxte – es war letztlich vergebens, genau wie der plötzliche Sturmlauf des wuchtigen Abwehrspielers Gough, der nach einer Stunde Spielzeit Marco van Basten stehenließ, in Hollands Strafraum eilte, aber mit seinem Hechtkopfball nur das Außennetz traf.

Zu diesem Zeitpunkt hatten die Schotten den orange gewandeten Ballkünstlern eigentlich schon den Zahn gezogen mit ihrer Taktik, die ungefähr aus dem Jahre 1314 stammen muß und von Mittelstürmer Ally McCoist hinterher so beschrieben wurde: den Gegner im Mittelfeld stellen, »und dann gibt es nur noch eins: vorwärts mit und ohne Ball«. Genervt von der schottischen Grätscherei hatten sich die Holländer darauf verlegt, den Ball mittels Luftbrücke vors Tor zu transportieren, wo aber die turmhohen Abwehrrecken wie David McPherson dankbar ihre Schädel hinhielten.

Und dann kam jene 77. Minute, als die Kugel plötzlich doch den Weg über die schottische Torlinie fand. Ein dummer, ungerechter Zufall, so empfanden es die Besiegten.

Schottlands Trainer, Schuldirektor a.D. Andy Roxburgh, kommentierte die 0:1-Niederlage gegen die Niederländer ebenso respektvoll wie tief traurig: »Die Niederländer haben eine phantastische Mannschaft, die uns allerdings erst in den letzten Minuten den verdienten Punkt weggeschnappt hat.« Als auffälligster Spieler jener Mannschaft, die gegen die Schotten allerdings über weite Strecken alles andere als phantastisch spielte, zeigte sich einmal mehr Kapitän Ruud Gullit, Kopf und Herz des »Mailänder Trios« Rijkaard, van Basten und Gullit, dem im Bild oben Maurice Malpas »hinterrücks« den Ball abnimmt. Gullits Revanche folgte auf dem Fuße (rechts): Gekonnt und fair wird McCall vom Ball getrennt.

Rinus Michels gab seinem Kollegen Andy Roxburgh in der Pressekonferenz das Kompliment von der »phantastischen niederländischen Mannschaft« umgehend zurück und lobte einen »lästigen Gegner« (oben: der »lästige« Gordon Durie versperrt Bergkamp den Weg zum Ball), der seine Mannen von Minute zu Minute ängstlicher habe auftreten lassen: »Die Schotten geben nie auf. Wer gegen sie kein frühes Tor schießt, der bekommt wie wir Probleme.« Wie ganz oben Marco van Basten mit Richard Gough. Das einzige, was van Basten in dieser Partie im Sturm rausriß, war ein großes Stück aus dem Rasen.

Es blieb ausgerechnet dem 23jährigen Dennis Bergkamp von Ajax Amsterdam, der in der Vorbereitungsphase auf die EM aufgrund einer schweren Grippe 5 Kilo Gewicht verloren hatte, vorbehalten, das bis dahin nicht gerade hinreißende Spiel der Niederländer »rauszureißen«. Nach einer Ballstafette des Trios vom AC Mailand drückte die jüngste Hoffnung des Oranje-Sturms in der 77. Minute den Ball ins Tor von Andy Goram. Außer dem Dank des Vaterlands und seinem steil angestiegenen Marktwert im internationalen Fußball-Geschäft wurden Bergkamp noch jene 750 Dollar zuteil, die ein Sponsor für den jeweiligen Spitzenspieler jeder EM-partie ausgesetzt hatte . . .

GOUGH
2

Wirklich nur Zufall? Ungezählte Kameras begannen zu surren, Scheinwerfer gingen an, Blitzlichter durchzuckten den Kabinengang des Ullevi-Stadions, als Ruud Gullit, die Rastalocken noch ganz naß, vor die Medien trat, um die Frage definitiv zu klären. Der Zufall stehe mehr oder weniger Pate bei jedem Tor, sagte Gullit, »aber manche Zufälle häufen sich«. Zum Beispiel jener, daß Gullit einen Flankenball auf den Kopf von Frank Rijkaard schlägt, dieser die Kugel Richtung Marco van Basten verlängert und dann ein Tor fällt. Tausendmal geübt beim AC Mailand und im Nationalteam, tausendmal ist was passiert, aus Zufall wird Logik. Dennis Bergkamp war in jener 77. Minute zur Stelle gewesen und hatte den von Rijkaard per Kopf servierten Ball fünf Meter vor dem Tor mit dem rechten Fuß volley ins Netz gedroschen, unter Gorams Körper hindurch.

Die Holländer haben darin hinterher eine gewisse Symbolkraft entdeckt, denn Bergkamp (23) galt als eine jener Nachwuchskräfte, die ausersehen waren, einmal in die Fußstapfen der großen Drei zu treten, gemeinsam mit van't Schip, Roy oder Jonk. Beim UEFA-Cup-Sieg mit Ajax Amsterdam hatte Bergkamp Spielwitz bewiesen, hinterher dann Kampfkraft, als ihn eine Grippe ins Bett zwang, ihm fünf Kilo seines Körpergewichts raubte und scheinbar auch die Kräfte für ein strapaziöses Turnier. Doch er aß und trainierte sich wieder fit. Und traf gleich im ersten Spiel.

■ Holländer bejubeln Häßler

Daß er sich damit möglicherweise weiter Richtung Barcelona geschossen hatte, seinem Traumverein, wo die Landsleute Cruyff als Trainer und Koeman als Scharfschütze das Sagen haben, erwähnte Bergkamp hinterher schlauerweise nicht. Stattdessen stellte er klar, bei Ajax sei er zwar Chef, im Nationalteam aber nur Diener und Zuarbeiter, deshalb schlicht »froh, der Mannschaft etwas gegeben zu haben«.

An Hierarchien sollte man nicht zur Unzeit rütteln, das hatte der junge Mann erkannt, diesmal hatten noch die Altvorderen das Sagen, das Milan-Trio Rijkaard–Gullit–van Basten, Koeman und Wouters. Vier Jahre und etliche Operationen älter waren sie geworden seit dem Titelgewinn in Deutschland, jetzt wollten sie die verkorkste WM in Italien vergessen machen und das Rad der Zeit zurückdrehen, mit jungen Hilfstruppen und »General« Rinus Michels (64) auf der Bank, wie damals 1988. Michels gab den Stars wieder die Freiheiten, die ihnen zwischendurch Leo Beenhakker verwehrt hatte. Er gestattete sich nach dem 1:0 gegen die Schotten sogar selbst ungewohnte Offenheit, als er bekannte, er wolle dieses Turnier gewinnen, »dagegen ist doch nichts einzuwenden, oder?«

Gemeinsam saßen die alten Kameraden nach dem Schottland-Spiel quietschfidel vor dem Fernseher und bejubelten sogar lautstark den deutschen Treffer zum 1:1 gegen die GUS in letzter Spielminute. »Wir lieben eben guten Fußball«, erklärte lachend Gullit. Besonders ernst hat er die Erzrivalen an diesem Abend nicht genommen.

Oben: Allen Grund zum Jubeln hatten die Titelverteidiger, denen Bergkamps Tor in der 77. Spielminute den Eintritt ins Halbfinale verhieß. Für die Schotten hingegen (linke Seite: Gough läßt einen Gegner auflaufen) schien wieder einmal traditionsgemäß schon am Anfang alles aus zu sein: Bei sieben Weltmeisterschaften mußten sie jeweils nach der ersten Runde die Heimreise antreten, 1974 in Deutschland sogar ungeschlagen. Bei ihrer ersten EM-Teilnahme erwartete sie nun das gleiche Schicksal.

Niederlande – Schottland 1:0 (0:0)
Austragungsort: Ullevi-Stadion Göteborg
Niederlande: van Breukelen; Koeman; van Aerle, van Tiggelen; Wouters (55. Jonk), Rijkaard, Bergkamp (86. Winter), Witschge; Gullit, van Basten, Roy
Schottland: Goram; McKimmie, Gough, McPherson, Malpas; McAllister, McClair (80. Ferguson), McStay, Durie; McCall, McCoist (74. Gallacher)
Schiedsrichter: Karlsson (Schweden)
Tor: 1:0 Bergkamp (77.)
Zuschauer: 35 720
Gelbe Karte: Witschge

Der Kleinste war der Größte

Bundestrainer Berti Vogts, der einstige »Terrier«.

Die Situation schien ziemlich aussichtslos. Letzte Spielminute, 0:1 hinten im Spiel gegen die Mannschaft der Gemeinschaft Unabhängiger Staaten, Freistoß Thomas Häßler, 1,66 m, vor sich eine Menschenmauer, mittendrin Jürgen Klinsmann. Manfred Binz und Andreas Brehme boten sich als Assistenten beim Täuschungsmanöver an, wie geübt, wie besprochen. Häßler hat sie weggeschickt und das später so erklärt: »Ich war mir so sicher, daß ich gesagt habe, laßt mich alleine, ich will mich konzentrieren, damit ich das Ding reinhaue.« Da mochte Brehme dem Schützen nicht raten, als der doch noch fragte: »Wie soll ich schießen, über die Mauer oder in die Torwartecke?« Häßler zielte haarscharf über Klinsmann weg, der zog den Kopf ein, »wenn er sich nicht geduckt hätte, wäre er mit dem Ball ins Tor gefallen«, prahlte der treffliche kleine Exekutor. Der Ball landete allein im Netz, oben rechts, unhaltbar zum 1:1, das sei nur gerecht gewesen, beteuerte später Bundestrainer Berti Vogts, und »ein Wink Gottes«. Anderntags hat der Bundestrainer zwar den lieben Gott aus dem Fußballspiel gelassen, aber auf höherer Fügung bestanden: »Wenn es eine Gerechtigkeit gibt, dann ist sie gestern eingetreten.«

Weshalb er die als verdient für seine Mannschaft reklamierte? Weil das Team aus der GUS »destruktiv« gespielt habe, »weil sie keine einzige Torchance gehabt haben«, gar nicht darauf ausgewesen seien: »Man wollte einen Punkt, man hat einen Punkt gewonnen.« Selber schuld, und Glück für die deutsche Auswahl, deren miesen Zustand Vogts mit dieser Einschätzung verdeutlichte: »Wenn die in der zweiten Halbzeit eine zweite Spitze gebracht hätten, hätten wir das Spiel nicht mit einem Unentschieden beenden können.«
Mutlos war seine Mannschaft aufgetreten von Anfang an, keine Spur von der angekündigten Aggressivität, der Gegner hielt das Mittelfeld besetzt mit Michailitschenko, Schalimow und Dobrowolski, »zu weit auseinandergezogen und in der Mitte Löcher«, kommentierte Abwehrmann Guido Buchwald die verfahrene Situation.

■ Die erste Halbzeit verschlafen

Zugegeben, auch er hätte sich weiter vorne postieren müssen, weil ohne Gegenspieler, »aber das bringt ja nichts, wenn ich vor dem Effe oder dem Häßler spiele. Erst müssen die vorrücken, dann kann ich nachrücken«. Die Bereitschaft dazu schien gering, Buchwald wollte »nicht ins offene Messer springen« in diesem ersten Gruppenspiel. Andere dachten ähnlich, die Angst ging reihum, halbherzig die Zweikämpfe, zahlreich die Fehler. Jürgen Kohler stolperte über die Lederkugel, als sei sie ihm hinderlich, Fehlpaß Buchwald, Mißverständnis mit Thomas Doll, der Gegner als Doppelpaßpartner. Auch die Raumaufteilung blieb unbefriedigend, Stefan Reuter drängte von rechts hinten zur Mitte und Häßler an den Spielfeldrand.

Oben: Das Aufgebot der deutschen Fußball-Nationalmannschaft für das erste Gruppenspiel gegen die GUS am 12. Juni '92 im Idrottspark-Stadion Norrköping. Von links: Thomas Häßler, Thomas Doll, Karlheinz Riedle, Andreas Brehme, Stefan Reuter, Stefan Effenberg, Jürgen Kohler, Manfred Binz, Guido Buchwald, Bodo Illgner, Rudi Völler. Links die Mannschaft der Gemeinschaft Unabhängiger Staaten, die Ende 1991 das Erbe der zu den Akten der Geschichte gelegten UdSSR antrat, des Vize-Europameisters 1988. Stehend von links: Michailitschenko, Charin, Tschernischow, Ljuty, Schalimow, Oleg Kusnetzow; kniend von links: Koliwanow, Kantschelskis, Dobrowolski, Zweijba, Dimitri Kusnetzow.

Kein Wunder, daß während der ersten Halbzeit nur dreimal erfolgversprechende Aktionen zu sehen gewesen waren. Als Häßler flankte, gelang Karlheinz Riedle ein Kopfball, Doll stieß mit beherztem Solo bis zur Torauslinie vor und versuchte einen Rückpaß, Völler köpfelte fünf Minuten vor der Pause über das Tor, Flankenschläger war erneut Häßler. »Total unzufrieden« zeigte sich Vogts mit den bescheidenen Darbietungen, in der Halbzeit gab es Zunder von Brehme, der schwarz sah, aber den Durchblick hatte bei seiner Feststellung: »Wenn wir so spielen, können wir hier kein Spiel gewinnen. Es darf nicht sein, daß wir fast einschlafen. Wir müssen dem Gegner zeigen, wer Herr im Hause ist, so wie bei der WM in Italien im ersten Spiel gegen Jugoslawien.« Die anderen müßten zittern, nicht sie: »Wir sind Weltmeister. Wir müssen stolz sein, den Adler auf der Brust zu tragen. Früher haben die Gegner Angst vor uns gehabt.«

■ Der Kapitän mit Armbruch von Bord

Nervosität, Übermotivation, davon mochte Brehme nichts hören. »Daß laß' ich nicht gelten, man kann im Halbfinale nervös sein oder im Endspiel, aber nicht im ersten Spiel. Dafür fehlt mir jedes Verständnis.« Einige müssen ziemlich beleidigt aus dem Trikot geschaut haben, Brehme hat wohl gemerkt, daß eine neue Generation herangewachsen ist, Samthandschuhe gewöhnt. Er hat anderntags erklärt, halb entschuldigend: »Wenn ich rumschreie und schimpfe, will ich den andern doch nur helfen. Ich will sie nicht fertigmachen.« Stolz sei er gewesen, daß er sich als junger Fußballer von Rummenigge oder Briegel habe sagen lassen, wo es langgehe.

Nach der verschlafenen 1. Halbzeit agierten die Deutschen sichtlich aufgeweckter. Thomas Doll (oben, in Reklamationsposition) schaltete sich immer öfter in den Angriff ein, Guido Buchwald (ganz oben, mit Wladimir Ljuty) avancierte zum Motor der Mannschaft, rückte aus dem Abwehrzentrum immer weiter vor und beendete die Partie im offensiven Mittelfeld. Für noch weitere Vorwärtsverteidigung war der Deutsche Meister '92 nicht zu haben. Links oben: Abwehr-Beratung Brehme–Binz.

Die Legitimation für seinen lauten Auftritt hatte Brehme aus seinem Amt als Teamkapitän bezogen, das ihm gerade zugefallen war. Von Rudi Völler hatte er die Armbinde als Zeichen seiner Würde übernommen, der Stürmer lag schon im Krankenhaus, mit gebrochenem Arm. Der Unfall war schon in der 25. Minute passiert, Völler hat ihn so erlebt: »Ich krieg' vom Stefan Effenberg einen langen Paß, sehe, wie mein Gegenspieler Kusnetzow relativ schnell angerannt kommt, will den Ball abdecken und mache eine Schutzbewegung. Kusnetzow springt hoch, ich hau' ihm mit meinem linken Arm gegen seine Hüfte. In dem Moment hat's gekracht.« Völler krümmte sich vor Schmerzen, die ließen schnell nach. Beim Laufen aber erkannte der Verletzte: »Es ist etwas kaputt.« Die Bandage, darunter ein Stück Holz als Schiene, die der Teamarzt Heinrich Heß anlegte, ließ Völler bis zur Pause durchhalten, dann war Schluß, nicht nur für dieses Spiel, sondern für die ganze Europameisterschaft. Völler flog heim und wurde operiert. Es klang fast schon wie ein Nachruf, wenn auch unabsichtlich, als Bundestrainer Vogts davon sprach, »ein Symbol« verloren zu haben, nicht bloß den erfolgreichsten Torschützen und Spielführer.

■ »Ich wäre heute besser im Bett geblieben«

Mit Doll als Angreifer neben Riedle ging die deutsche Mannschaft die zweite Halbzeit an. Andreas Möller kam neu hinzu als offensiver Mittelfeldspieler, es lief besser, wenngleich der Gegner gefährlich konterte; Michailitschenko war auf und davon,

Weltmeisterlich war die Vorstellung der deutschen Elf bei ihrer EM-Premiere in Norrköping gegen die GUS gerade nicht. Vogts: »Ich habe stets vor dieser starken GUS-Mannschaft gewarnt. Wir haben sie in der ersten Halbzeit zu viel spielen lassen!« Umgekehrt machte GUS-Trainer Anatoli Byschowetz einen Schuh draus: »Wir haben das deutsche Team nicht zu seinem Spiel finden lassen.« Aggressivität hatte Vogts gefordert, statt dessen duckten sich die deutschen Kicker. Schalimow, Michailitschenko und Dobrowolski trieben sich nahezu unbehelligt im Mittelfeld herum, wo Guido Buchwald mit Recht »zu viele Löcher« konstatierte. Allgemeine Ratlosigkeit war die Folge und Rückzug in die Defensive (oben: Binz, Brehme und Doll auf der Lauer in der Mauer).

Möller holte ihn ein. »Dann ist diese blöde Elfmetersituation gekommen«, schilderte später Reuter den weiteren Gang der Ereignisse. 63. Minute: Der Ball fliegt in hohem Bogen durch den deutschen Strafraum, Dobrowolski versucht ihn, halb mit dem Rücken zum Tor, mit der Brust zu stoppen, keine Gefahr. Alles wäre gutgegangen, wenn Reuter getan hätte, was er rückblickend als das Sinnvollste angesehen hat: »Ich wäre heute besser im Bett geblieben.« In blindem Aktionismus rammte er den Gegner, dabei die Situation falsch einschätzend, die er erst am Fernsehgerät als unbedenklich erkannte. Elfmeter, keine Frage, Schiedsrichter Gerard Biguet zögerte keinen Augenblick, Dobrowolski traf mit seinem Strafstoß flach rechts unten zum 0:1. Lähmendes Entsetzen, Strafe für den Sündenbock, Reuter raus, »ich weiß ja auch, daß das ein Scheißspiel von mir war«, Klinsmann stürmte.

■ Ein »Wink Gottes« in letzter Sekunde

Die deutsche Mannschaft war schwer getroffen, aber sie zeigte keine Wirkung, das rechnete ihr Vogts hoch an: »Sie wollte nicht verlieren, darauf läßt sich aufbauen.« Zwar schien vieles, was sie unternahm, um den Ausgleich zu erzielen, aus blindem Eifer geboren; aber es mangelte auch am Glück, ohne das der Ball halt nur auf dem Querbalken landet wie bei Riedles Kopfball, statt im Netz. Ein Preßschlag nahe der Torlinie, Buchwalds Gewaltschuß knapp neben das Ziel, aus der Traum?

Das hat auch Völler befürchtet, dem die Krankenschwester beim Röntgen mitgeteilt hatte, seine Mannschaft liege im Rückstand. »Als mein Kum-

»Dann ist diese blöde Elfmetersituation gekommen«, schilderte nach dem Abpfiff Stefan Reuter den Gang der Ereignisse: Der Ball flog zu Dobrowolski in den deutschen Strafraum, Reuter rammte den Gegner ohne Not; Elfmeter, keine Frage. Dobrowolski machte sich selbst ans Werk (oben) und schob den Ball seelenruhig flach in die rechte Torecke – 0:1 in der 64. Spielminute.

Kommentar Reuter: »Ich wäre heute besser im Bett geblieben.« Das gleiche hätte man sich rückblickend von Rudi Völler gewünscht, der in der 25. Spielminute mit Oleg Kusnetzow zusammengestoßen war und sich dabei unglücklich den linken Arm gebrochen hatte (rechts, mit Schiedsrichter Biguet).

GUS – Deutschland 1:1 (0:0)

Austragungsort: Idrottspark Norrköping

GUS: Charin; Tschernischow; O. Kusnetzow, Zweijba; Kontschelskis, Ljuty (46. Onopko), Michailitschenko, D. Kusnetzow, Schalimow (83. Iwanow), Dobrowolski; Koliwanow

Deutschland: Illgner; Binz; Kohler, Buchwald; Reuter (64. Klinsmann), Häßler, Effenberg, Doll, Brehme; Völler (46. Möller), Riedle

Schiedsrichter: Biguet (Frankreich)

Tore: 1:0 Dobrowolski (64./Foulelfmeter), 1:1 Häßler (90.)

Zuschauer: 13 000

17

pel, der Thomas, dann noch den Freistoß reingehauen hat, konnte ich nicht mal die Arme hochreißen«, erzählte der Lädierte, es sei ihm bei der Verkündigung der frohen Botschaft eben der Kunststoffverband angelegt worden. Völler hat seiner Mannschaft damals versprochen: »Zum Halbfinale komme ich nochmal vorbei«, und ihr damit die Verpflichtung auferlegt, nicht vorher schlappzumachen.

Vogts entdeckte Anzeichen dafür, daß doch noch alles sich zum Besten wenden würde: »Von der Willensstärke her hatten wir fast 100 Prozent.« Wo ein Wille, ist auch ein Weg, also sah Vogts die Seinen »auf einem guten Weg« ins Halbfinale: »Wir dürfen nicht zurückblicken!« Auf die erste Halbzeit, meinte er wohl, in der seiner Mannschaft von einem bunt zusammengewürfelten GUS-Ensemble mit Spielern aus England, Spanien, Italien, Schottland, der Schweiz und last not least Wladimir Ljuty vom Bundesliga-Absteiger MSV Duisburg Grenzen aufgezeigt worden waren.

Das Team ohne Fahne und Hymne, für das Beethovens ›Freude, schöner Götterfunke‹ erklang, hat »die Deutschen erschüttert«, wie sein Trainer Anatoli Byschowetz ebenso stolz wie enttäuscht erklärte.

Und wachgerüttelt.

Dem deutschen Spiel tat der 0:1-Rückstand spürbar gut – die Truppe von Berti Vogts mobilisierte ihre Kraftreserven, zeigte zunehmend Kampfmoral und stürmte beherzt gegen das Tor von Dimitri Charin und die allmählich ablaufende Uhr an (linke Seite: Effenberg schießt durch die Beine von Koliwanow; oben: Angreifer Riedle in der GUS-Zange). Der Ausgleich lag in der Luft – aber die Deutschen machten es spannend bis zur letzten Spielminute . . .

Die Großtat des kleinen Mannes (rechts): Vorbei an der sich wendenden Mauer, hinweg über den sich streckenden Torwart zirkelt Thomas Häßler den Ball im Spiel gegen die GUS zum 1:1 ins Netz. In letzter Sekunde in den letzten Winkel – Maßarbeit zur rechten Zeit. Häßler hatte haargenau über Feind und Freund gezielt, nämlich Klinsmann, der schnell den Kopf einzog. Häßler: »Wenn er sich nicht geduckt hätte, wäre er mit dem Ball ins Tor gefallen.« Einen »Wink Gottes« will Kirchgänger Berti Vogts rückblickend in dem rettenden Freißstoßtor erkannt haben; dem dankbar auf die Knie gesunkenen Illgner (unten) mag in diesem Augenblick Vergleichbares durch den Kopf gegangen sein.

MasterCard

Deutsch-schottisches Kopf-an-Kopf-Rennen

Das Idrottspark-Stadion in Norrköping.

Sind schottische Schädel härter als schwäbische und fränkische Dickköpfe? Als ob es beim Fußball darauf ankäme. Manchmal schon, vor allem, wenn der Kopf als Rammbock dient wie bei Richard Gough und Ally McCoist. Die beiden groben Klötze von den Glasgow Rangers durften sich als K.o.-Sieger über Guido Buchwald vom VfB Stuttgart und Stefan Reuter, der in Dinkelsbühl geboren ist, fühlen. Gough hat zudem dem Allgäuer Karlheinz Riedle die Nase plattgedrückt, aber trotzdem 0:2 verloren im zweiten Gruppenspiel gegen die deutsche Mannschaft. Die führte durch Treffer von Riedle und Stefan Effenberg, als Riedle raus mußte und Reuter rein für ihn, begnadigt nach katastrophaler Darbietung beim ersten Auftritt, aber bloß, weil Not am Mann war, wie Bundestrainer Berti Vogts beteuerte: »Ich bin kein Trainer, der Geschenke verteilt. Ich wollte Effenberg ins Zentrum zurückziehen und mit Reuter die rechte Seite zumachen.«

Ein wohlüberlegter Schachzug das, leider mit nicht vorhersehbarem Figurenopfer. Fünf Minuten erst kickte Reuter mit, als er mit McCoist im Sprung nach dem Ball zusammenkrachte, Blut spritzte aus einer tiefen Stirnwunde – rausgeführt mit weißem Kopfverband, ab zum Nähen in den Umkleideraum. Unverhofft kommt oft, plötzlich war der Reservist Michael Schulz (1,94 m) gefragt, 30 Jahre alt, erst ein Länderspiel, ein Spätstarter. Warum gerade der? »Ich mußte ihn bringen als unseren besten Kopfballspieler«, erläuterte Vogts seine Maßnahme.

Ein Unglück kommt selten allein, auf das zweite folgte das dritte sogleich. Kaum war Reuter mit dem medizinischen Troß verschwunden, machte Buchwald Bekanntschaft mit dem Eisenschädel von Gough. Hochgesprungen zum Kopfball, zu Boden gekracht, Platzwunde hinter dem Ohr, offensichtlich benommen, von Masseur Hans Montag gestützt – aus und vorbei und das Auswechselkontingent erschöpft. Doch brauchte sich Buchwald keine Sorgen zu machen, der Vorsprung ließ sich ohne große Mühe verteidigen bis zum Schluß und ebenso die Tabellenführung in der Gruppe 2. Selbst McCoist, Meisterschütze in der schottischen Liga mit 34 Toren, war lediglich beim Austeilen von Kopfnüssen aufgefallen. Vom redlichen Bemühen zeugen allein 14:2 Eckstöße.

Keine Frage, daß die deutsche Mannschaft den Erfolg redlich verdient hatte; Andreas Möller und Thomas Häßler setzten mit Pfostenschüssen

Das 2:0 der deutschen Nationalelf über die Schotten im zweiten EM-Spiel liest sich als Resultat klar und war auch verdient, aber ohne Mithilfe Fortunas und eines fehlerfreien Torwarts Bodo Illgner wäre es nicht erstritten worden (im Bild bei der Abwehr einer schottischen Attacke). Die Schotten geizten mit Toren, wie es ihnen sonst nur im Umgang mit Moneten nachgesagt wird: Sechs, sieben gute Möglichkeiten wurden ihnen geboten, nicht eine konnten sie verwandeln.

Ausrufezeichen hinter das 2:0. »Ein 5:3 wäre möglich gewesen, da würde man toll sagen«, urteilte Vogts. Gelobt wurden die Seinen auch so, etwa von der französischen Zeitung »Le Figaro«, die druckte: »Gegen mutige Schotten haben die Spieler von Berti Vogts ein großartiges Match geliefert. Endlich zwei Mannschaften, die spielen, um Tore zu schießen und nicht, um keine Tore einzustecken.«

■ Riedle zum ersten ...

Dieser Eindruck galt für die gesamte Partie im Idrottspark-Stadion von Norrköping vor 17638 Zuschauern, das Lob für die Deutschen aber nicht von Anfang an. Von seiner Abwehr im Stich gelassen, sprang Torhüter Bodo Illgner im Viereck, griff rettend ein, als McAllister zum Schuß ansetzte; McClair schlug ihm den Ball aus der Hand, McAllister sah Illgner rechts am Tor vorbeischießen und McPherson darüber; dann erst antwortete Jürgen Klinsmann mit einem Kopfball auf Flanke von Häßler.

Das 1:0 gelang nach einer halben Stunde zu einem unerwarteten Zeitpunkt. Klinsmann blockte den Gegner ab und machte den Weg frei für Riedle, der mit strammem Schuß ins Netz traf.

■ ... »Effe« zum zweiten

Weil die Schotten dennoch nicht locker ließen, rettete sich das DFB-Team vornehmlich mit Rückpässen in die Pause. Wie gut, daß sich alle ab der neuen Saison jedesmal reiflich

Schottland – Deutschland 0:2 (0:1)
Austragungsort: Idrottspark Norrköping
Schottland: Goram; McKimmie, Gough, McPherson, Malpas; McAllister, McCall, McStay, McClair; McCoist (69. Gallacher), Durie (55. Nevin)
Deutschland: Illgner; Binz; Kohler, Buchwald; Effenberg, Häßler, Sammer, Möller, Brehme; Klinsmann, Riedle (69. Reuter/75. Schulz)
Schiedsrichter: Goethals (Belgien)
Tore: 0:1 Riedle (30.), 0:2 Effenberg (47.)
Zuschauer: 17 638
Gelbe Karten: Häßler – McCall.

Vogts, ein Bewunderer der schottischen Spielweise und Kampfeslust und ein Freund von Trainer Andy Roxburgh: »Ich habe bei Weltmeisterschaften noch nie eine so stark spielende schottische Mannschaft gesehen wie hier bei der EM in Schweden. Kompliment, wie sie gefightet haben, auch nach dem 0:2, das spricht für die britische Einstellung zum Fußball.« Eine gleiche, in Vogts' Sinne »britische« Einstellung brachten aber auch die Deutschen mit, die keine Angst vor den beinharten Hochländern aufkommen ließen (links: Buchwald und Kohler bei der »Luftabwehr«; rechte Seite: Gough kann Möller mal den Buckel runterrutschen, er bleibt am Ball).

Durch den Ausfall von Rudi Völler nach dessen Armbruch im Spiel gegen die GUS konnte sich Jürgen Klinsmann wieder unangefochten für den deutschen Sturm stark machen. In der 30. Spielminute leistete der Blondschopf von Inter Mailand tatkräftig Schützenhilfe zum 1:0: Sammer strebte mit entschlossenem Körpereinsatz torwärts, wuchtete den Ball zu »Klinsi«, der ihn selbstlos Riedle für dessen 7. Länderspieltor servierte (oben). Rechts: Die Freudentänzer Riedle, Häßler und Klinsmann.

Oben rechts: Matthias Sammer vom Deutschen Meister VfB Stuttgart. Ihm war die entscheidende Vorarbeit zum 1:0 der deutschen Mannschaft über die bis dahin dominierenden Schotten zu verdanken, die anschließend zäh und unverdrossen gegen ihren Rückstand anrannten.

überlegen müssen, diese unattraktive Nothilfe für sich in Anspruch zu nehmen, weil der Torhüter den Ball nicht mehr mit der Hand aufnehmen, sondern nur noch per Fuß weiterspielen darf.

Ehe die Schotten nach dem Seitenwechsel ihre Reihen so richtig formiert hatten, waren sie schon bezwungen. Stefan Effenberg hatte den Ball als Flanke vor das Tor geschlagen, dort prallte er gegen das Schienbein von Malpas und verirrte sich ins Netz. Der solchermaßen überraschte Torschütze kniete auf dem Rasen und reckte die Faust des Siegers. Es muß sich ja keiner dafür entschuldigen, großes Glück gehabt zu haben.

■ Als Zugabe Pfostenschüsse

2:0 führte das DFB-Team, Riedle holte sich eine blutige Nase, hielt aber vorerst aus. Andreas Brehme kämpfte jetzt im Tribünenschatten gegen den langen McAllister, Häßler bediente Möller; der traf den linken Torpfosten, da blieb den Dudelsackspielern für kurze Zeit die Luft weg. Häßler trat die Lederkugel gegen den linken Pfosten, schade drum, Tore waren ja Mangelware gewesen bei der Europameisterschaft bis dato.

Danach gönnten sich die Deutschen eine kleine Verschnaufpause – mit Folgen, wenngleich keinen schwerwiegenden. Sofort setzte der Gegner nach, Kopfball Gough, Illgner parierte bravourös, Nachschuß McStay, wieder wehrte Illgner ab. »Die Schotten wurden stärker, weil wir uns zurückgezogen haben«, rügte Bundestrainer Vogts, »das könnte jede andere Mannschaft bitter bestrafen.« Diesmal ging das DFB-Team straffrei aus.

Als alles entschieden war, passierten die Unfälle. Am Morgen danach verlas Teamarzt Heinrich Heß 17 Minuten lang Krankenblätter. Buchwald hatte es am schlimmsten erwischt: »Er hat eine Erinnerungslücke, er weiß nicht was passiert ist, ein klares Indiz für eine Gehirnerschütterung«, lautete die Diagnose. Die Schlagzeilen einiger Boulevardzeitungen, es habe sogar Erstickungsgefahr bestanden, dementierte der Arzt, aber nicht, daß an einen Einsatz gegen die Niederländer nicht zu denken sei. Kein Fußball ein paar Tage lang, nur Spazierengehen und viel Ruhe war verordnet.

Glimpflicher davongekommen war Stefan Reuter, trotz einer »Riesenplatzwunde bis auf den Stirnknochen«, aber gleichfalls krankgeschrieben, weil fürs Kopfballspiel nicht geeignet. Nur Riedle zeigte sich schon wieder munter, der Verdacht, die stark blutende Nase sei gebrochen, hatte sich nicht bestätigt, der Besitzer des widerstandsfähigen Riechorgans meldete sich einsatzfähig.

Lässig zurückgelehnt in den blaßblau gepolsterten Sessel, eine Cola schlürfend, hörte sich Bundestrainer Vogts das ärztliche Bulletin an, als ginge ihn das alles überhaupt nichts an. Was Vogts seiner Umwelt signalisierte: Bloß keine Panik, ganz ruhig bleiben; den optischen Versuch, der Situation die Brisanz zu nehmen, unterstrich er mit den Worten: »Wir sind stark genug, wir haben noch 17 gesunde, hervorragende Fußballer im Aufgebot.«

■ Keine Streicheleinheiten vom »Terrier«

Seine Mannschaft hatte den dringend benötigten Sieg errungen, als erste zweimal in einem Spiel getroffen, Vogts bedankte sich, aber er hätte es für angebracht halten können, ihre Zuversicht durch Streicheleinheiten zu verbessern. Tat er aber nicht. Lob verteilte der Bundestrainer eher sparsam, zeigte sich mit seinen Stürmern vor allem zufrieden, weil sie ihre Fleißaufgaben in der Defensive zuverlässig erledigt hatten: »Die Schotten haben in Gough und McPherson sehr kopfballstarke Verteidiger, das hätte Probleme bei Freistößen, Eckbällen und weiten Einwürfen geben können.« Deshalb hatte Vogts den zunächst unberücksichtigt gebliebenen Klinsmann aus dem Hut gezaubert und ihm den Vor-

Schottlands Fußballer geben traditionsgemäß erst auf, wenn der Schiedsrichter abpfeift, nicht eine Sekunde vorher. Bis dahin wird fair, aber mit harten Bandagen gekämpft. Als erster holte sich Karlheinz Riedle eine blutige Nase, ging vom Platz und machte seinen frei für Stefan Reuter (oben). Fünf Minuten erst im Spiel, krachte der im Kopfball-Duell mit McCoist zusammen und mußte mit lädiertem Schädel vom Spielfeld geführt werden (ganz oben). Auf der DFB-Bank (rechts) bekam der Bundestrainer Sorgenfalten . . .

rang vor Thomas Doll eingeräumt. Der in die Kritik geratene Stürmer von Inter Mailand versprach seinem Trainer: »Ich wachse mit der Leistung unseres Teams.« WM-Altmeister Paul Breitner hatte ihm in einem Massenblatt empfohlen, die nächste Fähre nach Hause zu nehmen, Karl-Heinz Rummenigge, Fußball-Veteran, auch Vizepräsident des FC Bayern München, Klinsmann im Fernsehen in die Amateurliga zurückgestuft. Den hat es getroffen, aber nicht entscheidend, er kommentierte die Angriffe so: »Wenn jemand, der wissen müßte, was in einem Spieler vorgeht, so unqualifiziertes Zeug schreibt, belastet mich das nicht.«
Auch Manfred Binz, der Libero, ging ins Gericht mit seinen Kritikern, aber die Rüge von Vogts mußte er sich gefallen lassen. Binz schwang sich in keiner Phase des Spiels zum Chef der Abwehr auf. Schon wahr, räumte der Bundestrainer ein, der sei eben ein eleganter Spieler und müsse Schwierigkeiten kriegen im Umgang mit den wenig zimperlichen Schotten, »da hat er nicht gut ausgesehen«. Die Kommandos gaben andere, Illgner etwa, den belobigte Vogts auch wegen seiner lautstarken Einmischung in die Abwehrarbeit. »Es ist schon immer so gewesen, daß ich die Kommandos an die Mitspieler gegeben habe«, bestätigte der Torhüter.

... aber es ist nicht der letzte Schlag gewesen für Vogts an diesem schwülen Abend. Kaum war Reuter verschwunden, gleiche Szene, andere Besetzung, dasselbe Resultat: Guido Buchwald – Zweikampf mit Gough, Sturz, der Schotte gleich wieder auf den Beinen, Buchwald bleibt liegen (oben), kriegt einen Kopfverband verpaßt (ganz oben) und ist aus dem Spiel. Damit (links Buchwald im Abwehrkampf gegen McCoist) war nun auch der »Kopf« der deutschen Verteidigung ausgefallen, was sich im nächsten Spiel gegen die Niederländer übel auswirken sollte.

Ungeschoren davongekommen ist auch Möller nicht, der mehr nach vorn schaute als hinter sich. Vogts verlangt von dem Frankfurter Mittelfeldspieler: »Er muß sich als Anspielstation zurückziehen, wenn er seine Schnelligkeit ausgespielt hat.« Als Vorbilder im mannschaftsdienlichen Spiel wurden ihm Effenberg und Matthias Sammer empfohlen. Damit ließ es Vogts genug sein, schließlich habe er »in drei Halbzeiten eine gute deutsche Mannschaft gesehen«, in der ersten Hälfte des Spiels gegen die GUS allerdings eine arg verschüchterte Ansammlung von Zauderern.
Die Situation war klar und stellte sich erfreulich dar, denn im letzten Gruppenspiel mußte gegen die Niederländer nur ein Punkt gewonnen werden zur Qualifikation für das Semifinale oder im günstigsten Fall sogar keiner, wobei Vogts mit Unterstützung rechnete: »Ich glaube, daß Holland und Deutschland durchkommen, denn Andy Roxburgh wird die Russen weghauen.« Der Grund, weshalb der Bundestrainer seinem schottischen Kollegen einen letzten Kraftakt zutraute: »Wenn man diese Mannschaft verfolgt hat, ihren Kampfeseifer, ihren Willen, nicht ohne Punkt heimzufahren, dann hat man diese Überzeugung.« Er mag die Schotten, so wie die hat er früher auch gespielt, immer feste druff, mehr Grobschmied als Feinblechner.

Der Ansturm der Schotten auf das gegnerische Tor (links: Richard Gough im »Ansturm« auf einen gegnerischen Mann) ließ bis zuletzt nicht nach – der deutsche Strafraum wurde zur zentralen Sammelstelle, nur Torwart Goram entzog sich der Vollversammlung.

Allein – den wackeren Kämpen von Andy Roxburgh war an diesem Tag einfach kein Glück beschieden, Fortuna spielte im deutschen Aufgebot mit.

Effenbergs erster Treffer in einem Länderspiel fiel wie ein Geschenk aus heiterem Himmel: Auf der rechten Angriffsseite dribbelte sich der Deutsche bis nah an die Eckfahne, setzte zur Flanke an, traf den Schotten Malpas, von dessen Bein der Ball in hohem Bogen wie eine Sternschnuppe ins lange Eck des Tornetzes rauschte (oben). Da durfte er sich nun wirklich einmal selbst loben (ganz links), und auch der Beifall des Bundestrainers war ihm sicher (links).

CIS
18
10

Schwache Neuauflage des 88er Finales

Fan-Fanfare für Oranje (in GUS-Moll).

Es hätte alles so klar und deutlich sein können: ein herrliches Kopfballtor durch van Basten, 1:0 für die Niederlande, der zweite Sieg im zweiten Spiel und klare Tabellenführung in der Gruppe 2. Bondscoach Rinus Michels hätte dem letzten Vorrundenspiel gegen Weltmeister Deutschland gelassen entgegensehen können, sogar eine Niederlage hätte dem Oranje-Team den Weg ins Halbfinale nicht verbaut.

■ Tor van Basten, Pfeife Mikkelsen

Doch da war Schiedsrichter Peter Mikkelsen vor. Als Marco van Basten in der 79. Minute aus dem Hinterhalt in eine Flanke von Jan Wouters sprang und den Ball per Kopf ins Netz rammte, wähnte ihn der Däne im Abseits. Was er aber nicht war, die Zeitlupe ließ einen weißgekleideten GUS-Spieler erkennen, der noch näher als das orangene Flugobjekt van Basten am Tor stand – eine sehr unglückliche Entscheidung. »Dem Schiedsrichter nehme ich seinen Fehler sehr übel«, zürnte Michels, der ob dieses Pechs nun doch zwischen Hoffen und Bangen stand: »So etwas darf einem Referee in einem Turnierspiel von solch hochkarätiger Bedeutung nicht passieren.«

Es paßte ins Bild. Zwar hatten die Niederländer die GUS-Mannschaft auf dem Rasen des Göteborger Stadions recht gut im Griff, aber Zählbares kam dabei nicht heraus. »Unser größtes Manko war«, bekannte Michels, »daß wir nur 50 Prozent unserer Offensivkraft gebracht haben. Das Flügelspiel von Gullit und Roy klappte nicht.« Libero Ronald Koeman vermißte ebenfalls Gewohntes: »Wir sind im Sturm nicht aggressiv genug.«

Der gewohnheitsmäßige Antreiber Ruud Gullit, wertvollster Mann bei dem Titelgewinn vor vier Jahren, wurde in der 71. Minute nach einem Schlag gegen den Knöchel sogar ausgewechselt. Der Gullit des Jahres '92 war nicht mehr brillant, sondern nur noch bemüht. »Die Blessur ist halb so wild. Sie war nicht der wahre Grund

»Ich lebe noch«, seufzte der Trainer des Titelverteidigers nach dem Abpfiff der 0:0-Partie gegen die Defensiv-Meister aus der GUS. Besseres ließ sich über Rinus Michels und seine Mannen (im Bild Kapitän Gullit auf den Fersen von Viktor Onopko) tatsächlich nicht sagen: Knapp 35 000 Zuschauer sahen im Göteborger Ullevi-Stadion ein Spiel der vergebenen Chancen, in dem vor allem GUS-Torwart Dimitri Charin seine Weltklasse demonstrierte.

für den Wechsel. Ich war einfach schlecht. Michels hat richtig gehandelt«, gestand er auch ein. Die fünf Knieoperationen seit dem 88er Triumph (viermal recht, einmal links), die fortwährenden Rückschläge auf dem Weg zur Gesundung, haben dem Modellathleten mit dem Medusenhaupt viel von seiner begnadeten Leichtigkeit genommen.

■ »Ich lebe noch«, sprach »der General«

Die Achse des Italienischen Meisters AC Mailand, Rijkaard–Gullit–van Basten, schob nicht mehr, wie noch bei der EM '88, den Ball zauberleicht durch des Gegners Reihen. Der fleißige Frank Rijkaard vermochte Gullits Schwäche kaum zu kompensieren, und van Basten sowie der erst 23jährige Dennis Bergkamp scheiterten wiederholt am hervorragenden Torwart Dimitri Charin. Daß die GUS über Spieler mit feinstem Gefühl im Fuß verfügt, deutete sich mehrmals an, aber meist zogen sie es vor, ihr Tor zu verbarrikadieren. Bergkamp, Typ unbekümmertes Riesentalent, versuchte es zu Beginn der zweiten Halbzeit mit einem energischen 50-Meter-Solo über links, einer effektiven Art, Löcher in die Abwehr zu reißen. Doch sein Schuß landete in den Armen des Mannes, der zehn Minuten später einen Kopfball von van Basten aus dem Torwinkel fischte: Charin.
GUS-Trainer Anatoli Byschowetz kümmerten indes die Vorwürfe nicht, destruktiven Fußball zu verordnen. »Wir haben mit den Unentschieden gegen Deutschland und Holland große Tests gegen zwei Giganten des Welt-Fußballs bestanden«, sagte er, während der weitgehend beschäftigungslose Oranje-Keeper Hans van Breukelen geißelte: »Eine Schande für den Fußball.« Daß das Team ohne Land in den ersten 180 Turnierminuten nur ein Tor – und das zudem durch Elfmeter – erzielt hatte, war Byschowetz angesichts der Perspektive vor dem letzten Vorrundenspiel

Angetrieben von der lautstarken Unterstützung der 15 000 angereisten Oranje-Fans setzten die Niederländer mit langen Pässen aus dem Mittelfeld ihre Sturmspitzen in Szene, denen in Tornähe jedoch zumeist die Luft ausging (oben: Massenandrang im GUS-Strafraum). Rechts: Sit-in Ruud Gullits, der mit seiner (sonst so farbigen) Fußballkunst gegen die GUS eher blaß aussah.

schlicht egal: »Die Frage nach der Qualifikation in unserer Gruppe ist völlig offen.« Punktum.
Immerhin hatte die Partie gegenüber den vorangegangen, torlosen Langeweilern den Vorteil, wenigstens Fußball auf internationalem Niveau geboten zu haben.
Michels' Mannschaft, noch mit acht Spielern aus dem Europameisterteam, legte los wie die Feuerwehr. Aber als sich die Russen und Ukrainer vom ersten Druck befreit hatten, zeigten sich die Niederländer anfällig in der Abwehr. »Ich lebe noch«, sagte der sonst äußerlich und verbal so gelassene Michels, genannt »der General«, nach den nervenaufreibenden 90 Minuten. »Die Aufregungen waren einfach sagenhaft.«
Als einen Tag später die Tageszeitungen erschienen, war von der Partie selbst nur noch teilweise die Rede, die Auswirkungen nahmen die Zeilen ein. Die Journalisten wollten vor allem eins vom Titelverteidiger wissen: Wie geht er ins abschließende Vorrundenspiel? »Deutschland ist Weltmeister, ein Spiel gegen Deutschland ist immer schwer, da gibt es kein besonders schweres, okay?«, brummte Hans van Breukelen. »Das Deutschland-Spiel? Fragt mich am Donnerstag um 22 Uhr«, antwortete Frank Rijkaard betont gelangweilt.

Niederlande – GUS 0:0
Austragungsort: Ullevi-Stadion Göteborg
Niederlande: van Breukelen; Koeman; van Tiggelen, van Aerle; Wouters, Rijkaard, Bergkamp (80. Viscaal), Witschge; Gullit (71. van't Schip), van Basten, Roy
GUS: Charin; Tschernischow; Kantschelskis, O. Kusnetzow, Onopko; Dobrowolski, Zweijba, Michailitschenko, Aleinikow (57. D. Kusnetzow); Juran (64. Kirjakow), Koliwanow
Schiedsrichter: Mikkelsen (Dänemark)
Tore: keine
Zuschauer: 34 440
Gelbe Karten: Koeman, Wouters – Zweijba.

CIS
15
15
5

Wer mochte die Sprachlosigkeit nicht verstehen? Bei einem Unentschieden gegen Vogts' Weltmeister war man nun auf die Hilfe der Schotten angewiesen, die gegen die GUS dann höchstens mit einem Treffer Unterschied verlieren durften – sonst hätten sich Byschowetz´ Minimalisten ins Halbfinale geschoben.
Also was tun? »Wir müssen die Deutschen schlagen«, beurteilte »General« Rinus Michels entschlossen die Lage und blickte streng. Wieder einmal kündigte sich an, daß das Duell Niederlande – Deutschland kein normales Fußballturnierspiel werden sollte.

Alarmstufe 1 bei der GUS: Frank Rijkaard im Anmarsch (linke Seite). Dessen Torschuß (62.) wehrt Charin mit einer Glanzparade ab und rettet seinem Team einmal mehr das Remis. Bald darauf landete ein Kopfball von Marco van Basten (der sich im Bild oben als Tiefflieger versucht) im Gehäuse der GUS – doch der dänische Schiedsrichter Peer Mikkelsen entschied fälschlicherweise auf Abseits. Damit wurde die anstehende Begegnung Niederlande – Deutschland wie gewohnt zum Schicksalsspiel gestempelt.

RIEDLE
9
8

Die Vorführung des Weltmeisters

Oranje-Fans »zeigen Flagge«.

Ein Blick auf die Armbanduhr, ein Pfiff, das Pausenzeichen von Schiedsrichter Pier-Luigi Pairetto, Halbzeit im Ullevi-Stadion von Göteborg, herbeigesehnt von den deutschen Fußballern, die allem Anschein nach Mühe hatten zu begreifen, was ihnen widerfahren war. 0:2 lagen sie seit der 15. Minute zurück gegen die drückend überlegenen Niederländer, höchste Gefahr, raus aus dem Turnier zu fliegen und früh heim zu müssen, abgeschossen von Frank Rijkaard und Rob Witschge. So übel mitgespielt worden ist einer DFB-Auswahl zuletzt 1954 im Weltmeisterschaftsfinale von den Ungarn, die führten auch 2:0, verloren allerdings 2:3.
War Schadensbegrenzung noch möglich, wenn schon kein Sieg wie damals in Bern? Bundestrainer Berti Vogts versuchte es mit einer verbalen Attacke. »Ich mußte leider so laut wie noch nie bei der Nationalmannschaft werden und habe Worte gebraucht, die ich Nationalspielern gegenüber nicht gerne benutze«, versicherte er. Zum Beispiel? »Ich habe einige gefragt, ob sie glauben, hier bei einem Jugendturnier zu sein.« Was Vogts überhaupt nicht begreifen mochte: »Mental haben sich einige nicht richtig auf diese Europameisterschaft vorbereitet.« Das grämte auch den Teamkapitän Andreas Brehme, der forderte: »Die richtige Einstellung muß da sein, das ist Voraussetzung.« Und er klagte: »Es ist traurig, wenn das in der Nationalmannschaft nicht der Fall ist.«

■ Die Abwehr wackelt, das Zentrum bröckelt

Nach den Worten folgten Taten. Vogts warf seinen Libero Manfred Binz raus und ließ Thomas Helmer Ausputzer spielen, als Nummer 23 auf diesem Durchlaufposten, seit ihn Franz Beckenbauer nach seinem 103. und letzten Länderspiel 1977 in Paris für immer freigemacht hatte. »Ich wollte alles bewegen, was ging, aber ich habe gar keinen Durchblick ge-

Nie war er so wertvoll wie heute: Marco van Basten, im Bild als »Doppel-Decker« mit Rijkaard gegen Riedle und Kohler, brillierte als ein Regisseur, der nach vorn Druck und hinten dicht machte, wenn in der Abwehr Not am Mann war. »Ich habe keine Probleme damit, daß ich wieder nicht getroffen habe«, sprach der Torjäger mit Teamgeist, »solange die anderen treffen«. Und das taten sie auch – dreimal mehr als den Deutschen lieb war: 1:0 Rijkaard (4.), 2:0 Witschge (15.), 3:1 Bergkamp (72.).

habt«, gab Binz zu, und auch: »Ich bin nur nebenhergerannt.«
Es war ein Offenbarungseid, den Vogts leistete, denn er hatte seit seinem Amtsantritt 1990 treu zu dem Mann seiner Wahl gestanden.
Damit war es nicht getan, der Bundestrainer mußte seine Mannschaft umkrempeln. Helmer spielte den Nothelfer hinter der Abwehr, Matthias Sammer rückte ins Mittelfeld, und zu Beginn der zweiten Halbzeit begann sich das deutsche Team seiner Haut zu wehren. Thomas Häßler schoß, Sammer trat Roy aus dem Schuh, Jürgen Kohler ging Marco von Basten so hart an, daß er mittels der Gelben Karte verwarnt werden mußte. Die Niederländer zuckten zurück – und zusammen, als es bei ihnen unerwarteterweise einschlug. Eckstoß Häßler, Kopfstoß Jürgen Klinsmann, 2:1 in der 54. Minute. Der Verfall der Mannschaft war gestoppt.
Das Spiel ging trotzdem verloren, es setzte sogar die höchste Niederlage seit 1986, damals war unter Franz Beckenbauer das peinliche 1:4 gegen

Franz Beckenbauer nach dem Spiel: »Das war anfangs Fußball von einem anderen Stern, was die Holländer zeigten.« »The Guardian« fand lobende Worte für beide Teams: »Im bisher besten Turniermatch lieferten sich Holland und Deutschland einen offenen Schlagabtausch, der die Fans im Stadion und Millionen vor den Bildschirmen begeisterte.« Oben: Effenberg entwischt Witschge, rechte Seite: Koeman kontert Riedle.

Österreich in Wien passiert. Bergkamp war der Schütze zum 3:1, doch zu diesem Zeitpunkt wußten alle, daß den Deutschen der zweite Gruppenplatz sicher war und Schweden der Gegner im Semifinale, weil die Mannschaft der Gemeinschaft Unabhängiger Staaten von den Schotten 3:0 geschlagen worden war, wie es Vogts prophezeit hatte.

Leider hatte Vogts das Durcheinander nicht vorhergesehen, das er mit seinen Umstellungen anrichtete. »Wir wollen in einer neuen Ordnung spielen«, hatte er angekündigt, als es galt, die verletzten Guido Buchwald und Stefan Reuter zu ersetzen. Michael Frontzeck wurde angewiesen, auf der linken Abwehrseite Ruud Gullit in Schach zu halten, Helmer sollte im Zentrum Bergkamp abblocken und Brehme war auf die rechte Seite hinübergewechselt, wo Brian Roy anstürmte. Das ging nicht gut, »totale Unordnung« erkannte der bestürzte Vogts. »Michael Frontzeck und ich standen oft gegen drei oder vier Holländer«, klagte Stefan Effenberg.

Niederlande – Deutschland 3:1 (2:0)
Austragungsort: Ullevi-Stadion Göteborg
Deutschland: Illgner; Binz (46. Sammer); Kohler, Helmer; Brehme, Häßler, Effenberg, Möller, Frontzeck; Riedle (77. Doll), Klinsmann
Niederlande: van Breukelen; Koeman; de Boer (62. Winter), van Tiggelen; Rijkaard, Wouters, Bergkamp (88. Bosz), Witschge; Gullit, van Basten, Roy
Schiedsrichter: Pairetto (Italien)
Tore: 1:0 Rijkaard (4.), 2:0 Witschge (15.), 2:1 Klinsmann (54.), 3:1 Bergkamp (72.)
Zuschauer: 37 725 (ausverkauft)
Gelbe Karte: Kohler

Schuldig machte sich dabei vor allem Andreas Möller, der wieder einmal vor allem für sich spielte und nur ab und zu für die Mannschaft. Die Anweisung von Vogts lautete: »Er sollte durch seine Schnelligkeit Koeman und Wouters binden.« Davon konnte keine Rede sein.

■ Michels, der Mann mit der Kristallkugel

Auch andere vernachlässigten ihre Pflichten, Effenberg etwa, der hätte Rijkaard beim Kopfball stören müssen, wenn auch Thomas Doll behauptete: »So ein Kopfballtor kommt alle hundert Jahre einmal vor.« Vogts war anderer Meinung: »Man hat Rijkaard ungehindert zum Kopfball kommen lassen, das ist bitter bestraft worden.« Nicht anders war es beim 0:2, eine Unaufmerksamkeit rächte sich, Karlheinz Riedle ließ einen Freistoß von Witschge unter der Schuhsohle durchrutschen, der Ball landete hart am Torpfosten im Netz. Es hätte noch schlimmer kommen können, van Basten traf mit seinem Direktschlag die Querstange, Gullit und Rijkaard schossen um die Wette, Bodo Illgner hatte beide Hände voll zu tun.

Später ist Berti Vogts gefragt worden, weshalb er nicht früher Umstellungen vorgenommen habe, denn in der Halbzeit hätte es schon zu spät sein können. Die Antwort: »In einer früheren Phase wäre das danebengegangen, weil jeder noch viel zuviel mit sich selber zu tun hatte«, und nicht nur mit den Niederländern, deren Trainer Rinus Michels bekannte, daß er glücklich sei, diesen Beruf zu ha-

»Von Rijkaard bis van Basten – das Team von Rudi Michels ist ein einziger Freudenchor«, jubilierte »Gazzetto dello Sport«, und zwackte dabei einen gehörigen Anteil von den holländischen Lorbeeren für den AC Milan ab. Ob sich die Mailänder nun mitfreuten oder nicht, das »Uhrwerk Oranje« lief so oder so mit unheimlicher Präzision (oben: Witschge schießt sein Freistoßtor zum 2:0), verunsichert bis ins Mark verfielen die Männer von Vogts zusehends in ehrfurchtsvolle Erstarrung (oben rechts: Binz, Helmer und Klinsmann).

ben: »Holland hat in der ersten Halbzeit eine Leistung geboten, wie ich sie nur selten gesehen habe.« Auch den Makel von nur einem Treffer während 180 Minuten Fußballspielens beseitigte seine Mannschaft, da freute sich Michels und sagte: »Wir haben bewiesen, daß wir in wichtigen Szenen auch die nötigen Tore machen.«

In ihrem Hotelquartier am Meer feierten die Niederländer ihren Triumph, den Gullit so bewertete: »Es war kein großer Sieg über den Weltmeister, sondern ein großer Sieg für unsere Mannschaft, die wieder nur auf Angriff gespielt hat.«

Bei Reggae-Musik wurden Champagner und Krabben gereicht, Kronprinz Wilhelm Alexander gab sich die Ehre, und Hans van Breukelen schüttelte immer wieder ungläubig den Kopf. »Der Trainer muß eine Kristallkugel besitzen«, vermutete der Torhüter. Unmittelbar vor Spielbeginn hatte Michels seinen Fußballern weisgemacht, sie würden gegen die Deutschen drei Tore schießen.

■ Brehme: »Jetzt geht die EM erst richtig los.«

Weitab vom Schuß, im verschlafenen Atvidaberg, fanden Berti Vogts und die Seinen im Hotel Stallet keinen Grund zum Feiern, um so mehr aber, darüber nachzudenken, wie alles gekommen war und wie es weitergehen sollte. Der Bundestrainer vor allem, weil er sich ziemlich weit aus dem Fenster gelehnt hatte mit seiner Behauptung: »Im Leben trifft man sich immer zweimal, wir sehen die Holländer im Finale wieder« – als Gegner, nicht im Fernsehen. Ob das nicht unhöflich gewesen sei den Gastgebern gegenüber, wurde Vogts gefragt, als er eine Nacht darüber geschlafen hatte. Aber nein, beteuerte der, »wir haben Achtung vor den Schweden, aber wir wissen, daß wir sie schlagen können, wie es uns schon im Herbst

1990 gelungen ist. Die Mannschaft kann nicht noch einmal so passiv ins Spiel reingehen.« Sie habe in vier Halbzeiten guten Fußball gespielt, »in zwei Halbzeiten war sie gar nicht da«. Bei der Suche nach Gründen hat Vogts auch das ins Feld geführt: »Unsere Spieler sind es gewohnt, sich länger aufzuwärmen, hier müssen sie 25 Minuten vor Spielbeginn wieder in die Kabine, und dort ist es eng.« Wer ratlos ist, kommt eben auf die merkwürdigsten Gedanken.
Sein Teamkapitän Brehme, der die Mitspieler bis dahin mehr kritisiert als gelobt hatte, sah wieder Land in Sicht: »In der zweiten Halbzeit haben wir gegen Holland bewiesen, wie gut wir spielen können, da hatten die Holländer Probleme«, seine Kameraden allerdings schon vorher: »Leider haben wir nicht von Anfang an so agiert.« Brehme behauptete: »Meiner Meinung nach geht die EM erst jetzt richtig los.« Für den abgesetzten Libero Binz schien sie schon zu Ende. Der hatte das Unheil kommen sehen: »Ich hab's geahnt, es ist hart, aber damit muß man leben. Ich hab' mich in die Kabine gesetzt und hab' gesagt, o.k., es geht weiter, Junge, Kopf hoch.« Und wie? »Ich werde weiter trainieren, im Fußball passiert schnell was, dann rutscht man wieder rein in die Mannschaft und ist wieder drin.« So geschehen bei Thomas Helmer, den hätte Vogts beinahe zu Hause gelassen des Theaters um den Dreieck-Transfer zwischen Borussia Dortmund, AJ Auxerre und Bayern München wegen. Jetzt spielt er Libero, wie einst Beckenbauer. Im Fußball ist fast alles möglich.

Im Kampf gegen die torhungrigen Niederländer deutete die deutsche Mannschaft nur häppchenweise ihre schlummernden Qualitäten an. Oben im Bild der einzige Leckerbissen unter diesen Kostproben, Jürgen Klinsmanns exquisites Kopfballtor zum 1:2 (54.), das allerdings am Ende (1:3) nur gut für die Kosmetik war; Häßler (rechte Seite oben, mit Witschge) setzte sich auch in dieser verpatzten Partie als frecher Dribbelkünstler, flinker Flankengeber und des öfteren sogar als Alleinunterhalter des deutschen Mittelfelds gut in Szene; Illgner (rechts) war verläßlich wie gewohnt, wenn auch nicht vom Glück verwöhnt.

Links oben: Das Oranje-Team im Taumel des wohlverdienten Sieges. Vogts blieb der Blick nach vorn: »Ich bin froh, daß die EM jetzt für uns erst richtig beginnt.« Das verdankte er freilich nur Andy Roxburghs Mannschaft, die zur gleichen Spielzeit die GUS 3:0 besiegte (links unten: Alt-Weltmeister Sepp Maier mit einem Ohr im Spiel der Schotten). An deren Adresse richtete Vogts ein Dankeschön, an die der Holländer eine leise Warnung: »Man begegnet sich im Leben oft zweimal.« Diese alte Weisheit teilte auch sein Trainer-Kollege Rinus Michels: »Ich habe immer gesagt, wir werden zweimal gegen die Deutschen in Schweden spielen.« Sprach's, verschränkte die Arme und ergänzte sorgenvoll: »Falls die Dänen da mitspielen ...«

Danke, Schottland!

»Anpfiff« auf schottische Art.

Die moderne Interpretation der uralten Elf-Freunde-müßt-ihr-sein-Lehre besagt: Nationalspieler halten vor allem deswegen zusammen, weil Erfolg den Marktwert aller und damit die Gagen steigert. Elf Geschäftsfreunde müßt ihr also sein.
Doch warum ist dann ausgerechnet die Interessengemeinschaft GUS achtkant aus dem EM-Wettbewerb geflogen? Immer wieder hatten die Spieler aus Rußland, der Ukraine und Weißrußland betont, wie wichtig die EURO '92 für sie sei, schließlich könne man hier unter den Augen der zahlreichen Späher aus den reichen Ligen Westeuropas auf sich aufmerksam machen. Fünf der insgesamt zwölf gegen die Schotten angetretenen Kicker spielten noch bei Moskowiter Klubs und wollten es hinterher gerne in Glasgow, Manchester, Dortmund oder Neapel tun.
Nach dem 0:3 ist der eine oder andere Traum zerplatzt, statt mit Rubel in der Schlange auszuharren mit D-Mark oder Lire in einem Supermarkt zuzuschlagen. Die Späher unter den 14 660 Zuschauern im Idrottspark zu Norrköping konnten die Tribüne unverrichteter Dinge wieder verlassen, richtig aufgedrängt hatte sich kein GUS-Spieler. »Ich bin sehr enttäuscht«, sagte Trainer Anatoli Byschowetz mit versteinerter Miene, »bei uns lief nicht viel zusammen.«

■ Roxburgh: »Es geht um die Ehre.«

Genaugenommen gar nichts. Schon nach gut einer Viertelstunde war ihnen durch die beiden Tore von Paul McStay und Brian McClair die Hoffnung auf das Halbfinale geraubt worden. Byschowetz hatte totale Offensive versprochen, alle Bemühungen scheiterten aber am Widerstand einer nach bestem britischen Vorbild rackernden schottischen Mannschaft. »Wir haben gar nicht Fußball gespielt«, bemängelte Sergej Aleinikow, und Byschowetz kritisierte: »Wir haben es dem Gegner sehr leicht gemacht und zwei einfache Tore gefressen.«

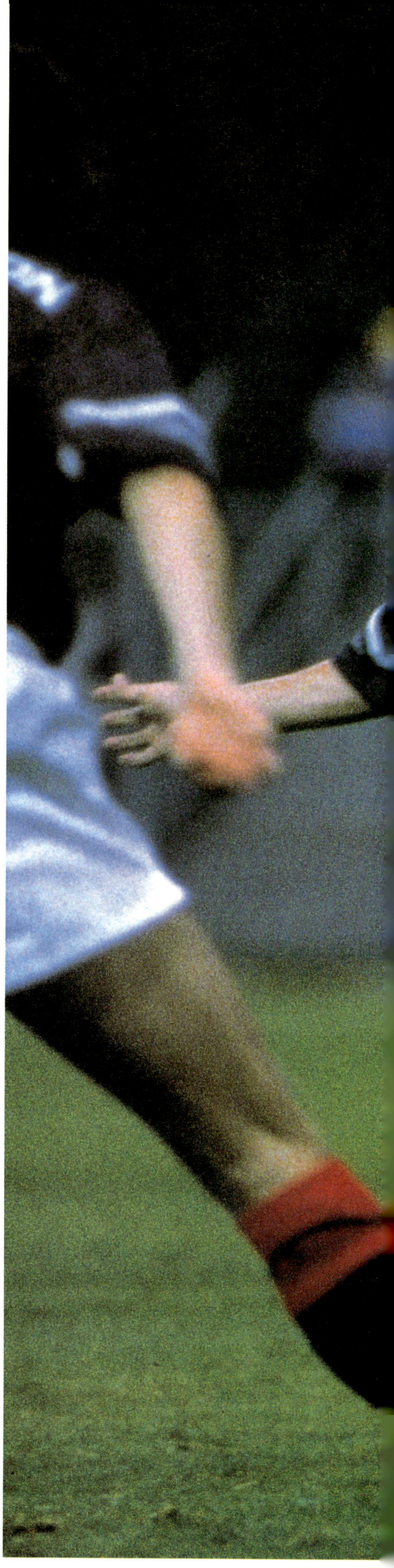

Der Abschied der Schotten von der EM '92 geriet nicht zur Trauerfeier, sondern zum Freudenfest – und das nicht nur für die Männer von Andy Roxburgh, sondern auch für die Deutschen, die ohne den schottischen Sieg ihre Koffer hätten packen müssen.

Vor 14 660 Zuschauern im Idrottspark-Stadion Norrköping sorgten McStay (rechts, im Zweikampf mit Michailitschenko) in der 7., McClair in der 16. sowie McAllister in der 84. Minute (Foulelfmeter) für die Entscheidung.

CIS
7
3
7

Oben: Ich? Ja, er! Alexej Michailitschenko kennt seine Pappenheimer und hätte eigentlich wissen müssen, wie den Schotten zu begegnen ist: Der Spielmacher der GUS-Mannschaft ist beim schottischen Star-Club Glasgow Rangers unter Vertrag. Zumindest hätte er wissen müssen, daß man Schotten nicht unterschätzen darf, auch dann nicht, wenn sie rein rechnerisch schon aus dem Rennen sind. Trainer Andy Roxburgh: »Schotten kämpfen immer bis zum Umfallen. Auch wenn es anscheinend um nichts mehr geht, so geht es immer noch um die Ehre.« Rechts: McPherson klärt per Kopf einen GUS-Angriff.

PHERSON
8
CIS
13

Spielmacher Alexej Michailitschenko, dem Filigranfußballer von den Glasgow Rangers aus Schottland, gelang es zu keinem Zeitpunkt, Schwung in die eigenen Reihen zu bringen. »Wer in der Offensive nicht mehr Druck macht und keine Chancen herausarbeitet, kann keine Spiele gewinnen«, klagte Byschowetz. Sechs Minuten vor dem Ende mußte die GUS auch noch das 0:3 durch Gary McAllisters Foulelfmeter hinnehmen.
Die Vertreter der GUS hatten trotz bester Motivation die höchste Niederlage des bisherigen Turnierverlaufs

kassiert und im Kampf um den Marktwert verloren. Und das verstand von ihnen niemand.

■ Heimfahrt mit hocherhobenen Häuptern

Geknickt schlichen die Spieler vom Platz und beendeten so das Schlußkapitel einer langen Geschichte. Die Nachfolger hatten an die Erfolge des einstigen UdSSR-Teams nicht anzuknüpfen vermocht, jener Auswahl des zerfallenen Riesenreichs, die 1960 Europameister und '64, '72 und '88 EM-Zweiter war. »Das ist sehr traurig, daß es diese Mannschaft nicht mehr geben wird«, meinte sogar Schottlands Trainer Andy Roxburgh in der historischen Stunde.

Was den Gescheiterten blieb, waren immerhin 160 000 Mark Prämie pro Mann. Aber was war das schon gegen jene Ehre, welche die Schotten aus vollem Herzen zurückerobert hatten. »Meine Mannschaft ist mit Würde aus diesem Turnier ausgeschieden«, sagte Roxburgh. »Ein großes Kompliment an unsere Fans, ich bin stolz auf meine Mannschaft.« Außerdem war ein Kontrahent bezwungen, gegen den sie überhaupt nicht gespielt hatten. »Wir haben einen Sieg errungen und sind Gruppendritter. Die Engländer haben gar nichts gewonnen und sind Letzte«, rechnete Mittelfeldspieler Stuart McStay genüßlich vor. »Das sagt alles.« Verteidiger Maurice Malpas, der verletzt auf der Bank saß, triumphierte: »Wir sind die beste Mannschaft auf der Insel. Jetzt wird die Presse zu Hause nicht mehr nur über England schreiben und uns belächeln. Man hat wieder Respekt vor uns.«

Oft wird die innige Zuneigung von Fußballstars zu ihren Anhängern übertrieben, aber im Fall der Schotten ist da wirklich viel dran. »Wir geben immer hundert Prozent«, sagte Teamkapitän Richard Gough von den Glasgow Rangers, »weil wir wissen, was wir unseren Fans schuldig sind.« Und genau so hat er das auch gemeint.

Was die Deutschen den Schotten nach ihrem Sieg über die GUS schuldig waren, wußten sie auch: Dank für den Einzug ins Halbfinale.

Nach ihren Niederlagen gegen den Europameister Niederlande (0:1) und den Weltmeister Deutschland (0:2) wollten die Schotten bei ihrer Abschiedsvorstellung noch einmal zeigen, was guter Fußball ist, und setzten ihn gleich dreimal hinter die Linie des GUS-Torwarts Dimitri Charin (oben: McAllister verwandelt den Foulelfmeter zum 3:0). Links: Um des Kontrastes zu den dunkelblauen Trikots der Schotten willen erschien der Schweizer Schiedsrichter Kurt Röthlisberger (Mitte) mit seinen Linienrichtern über der Gürtellinie »ganz in Weiß«.

Trainer Andy Roxburgh (»Ich bin stolz auf meine Jungs!«) und Kapitän Gough (oben) konnten hocherhobenen Hauptes nach Hause fahren. Gough: »Wir geben immer hundert Prozent, weil wir wissen, was wir unseren Fans schuldig sind.« Knapp 5000 waren nach Norrköping gekommen, und noch lange nach Spielschluß hallte Schottlands heimliche Nationalhymne »Scotland the brave« unter Dudelsackklängen durch den Idrottspark.

Schottland – GUS 3:0 (2:0)

Austragungsort: Idrottspark Norrköping

Schottland: Goram; McKimmie, Gough, McPherson, Boyd; McAllister, McCall, McStay, McClair; McCoist (66. McInally), Galacher (77. Nevin)

GUS: Charin; Tschernischow; Zchadadse, Oleg Kusnetzow; Kantschelskis, Dobrowolski, Michailitschenko, Aleinikow (46. Dimitri Kusnetzow), Onopko; Kirjakow (46. Kornejew), Juran

Schiedsrichter: Röthlisberger (Schweiz)

Tore: 1:0 McStay (7.), 2:0 McClair (16.), 3:0 McAllister (84./Foulelfmeter)

Zuschauer: 14 660

Gelbe Karten: McCall – Tschernischow

Mit Fleiß und Finesse ins Finale

Fans mit Fun: deutsche »Wikinger«.

Alle Anspannung schien von ihm abgefallen. Berti Vogts saß nach dem 3:2-Sieg über Schweden so entspannt auf seinem Stuhl, wie ihm das möglich ist. Die Arme hielt er verschränkt, leicht zurückgelehnt harrte er der Fragen in der Pressekonferenz, ganz traute er dem Frieden nicht. Weshalb eigentlich? Hatte er doch sein erstes Ziel erreicht und die deutsche Mannschaft ins Finale geführt, dabei seinen Vorgänger Franz Beckenbauer übertroffen; dem war das 1988 nicht gelungen, gescheitert war das DFB-Team an den Niederlanden.

■ Ein guter Stolperer fällt nicht

Als ob der Bundestrainer es geahnt hätte. 30 Jahre lang beobachte er die Deutschen schon, erzählte ihm ein älterer Fußballweiser, und immer habe er sie vom Glück begünstigt gesehen, keine Qualität im Spiel, sei das gerecht? Die Franzosen wurden des Lobs teilhaftig, dann fuhren sie heim. Der Titelverteidiger aus den Niederlanden sowieso, auch er ging leer aus. Bleibt der deutsche Fußball auf ewig ungeliebt in der Welt, obgleich erfolgreich seit fast vier Jahrzehnten? Sätze wie diese schienen ihn zu kennzeichnen, fast zu brandmarken. Tommy Svensson, Schwedens Trainer: »Wir kamen gegen die Deutschen nicht ins Spiel.« Hans-Hubert Vogts, deutscher Nationaltrainer: »Unsere Taktik ist aufgegangen, den Gegner nicht ins Spiel kommen zu lassen.« Die Deutschen als Spielverderber, immer und ewig?

Plötzlich war er wieder im Spiel, der Begriff, den nicht nur die Fußballwelt ebenso fürchtet wie bewundert als typisch deutsch: Ordnung ist das halbe Leben. Für den Schwaben Guido Buchwald allemal, der bekämpfte Jonas Thern erfolgreich, trieb den Ball nach vorn und stellte zufrieden fest: »Endlich herrschte einmal Ordnung.« Das gefiel auch Vogts, danach hatte er gestrebt. »Auf einer gewissen Ordnung aufgebaut«, habe seine Mann-

Nach dem Flopspiel kam das Topspiel: Als es im Halbfinale gegen die Schweden ging, hatte das deutsche Team seine 1:3-Niederlage gegen die Niederländer längst weggesteckt. Mit Libero Helmer anstelle von Binz und Sammer im Mittelfeld wuchsen die Deutschen über sich hinaus (im Bild Senkrechtstarter Sammer im Duell mit dem eher erdverbundenen Ingesson) und bezwangen den EM-Gastgeber 3:2. »The Times« (London): »Deutschland sah vom Anpfiff an wie der Sieger aus.«

ILIPS

schaft im Rasunda-Stadion von Stockholm phasenweise hervorragend gespielt. Vorbildliche Pflichterfüllung, eine deutsche Tugend, muß er sich dafür auch noch entschuldigen? Nein, Prügel kriegt er sowieso, ganz egal, was passiert, etwa vom »Spiegel«, der Vogts bescheinigte, er spiele bei der Europameisterschaft an der oberen Grenze seiner (bescheidenen?) Möglichkeiten, und seine Truppe stolpere ziemlich orientierungslos über den Rasen. Doch ein guter Stolperer fällt nicht, und wer mag schon ernsthaft behaupten, die deutsche Auswahl sei ins Finale getaumelt ohne zu wissen, wie ihr geschah?

Wahr ist freilich, daß Vogts hat Abschied nehmen müssen von den kreativen Mitgliedern seiner Spielergemeinschaft, weil sich die nicht in die Ordnung fügen mochten. Die Frankfurter Manfred Binz und Andreas Möller wurden gewogen und zu leicht befunden, ansehnlicher Umgang mit dem Ball ist nicht alles, wer blaue Flecken scheut, muß zuschauen. Was fußballerische Klasse anlange, so Vogts, sei Matthias Sammer sehr wohl mit Möller zu vergleichen.

■ »Glück kann man sich auch erarbeiten«

Vogts: »Aber der besitzt im Moment viel mehr Durchsetzungsvermögen.« Das wird Sammer auch nötig haben künftig in Italien. Man habe ja gesehen, »wie körperbetont bei dieser Europameisterschaft gespielt wird«. Gut, man müsse auch künftig auf Technik setzen, »aber der Techniker, der sich behauptet, ist wichtig«.

Keine Mannschaft kann sich Stehgeiger leisten, die keine Rücksicht nehmen auf das Ensemble. Jeder für jeden – auch die Stürmer müssen Abwehrarbeit verrichten, stets attackieren; Jürgen Klinsmann und Karlheinz Riedle taten, wie Vogts sie geheißen. »Wir haben die Marschroute vom Trainer befolgt, der wollte, daß wir hinten aushelfen«, bestätigte Riedle; begeistert klang das nicht. Aber kann einer Klage führen, der Nutzen aus einer ungeliebten Tätigkeit zieht? Zweimal traf Riedle gegen die Schweden,

Vogts' Devise: Das Mittelfeld sollte wieder das Hoheitsgebiet der Deutschen werden. Sammer und Effenberg walteten im Zentrum, wobei sich einer von ihnen stets zu Riedle/ Klinsmann in den Sturm vorwagte. So ergaben sich Chancen, wie in der 11. Minute, als Sammer 18 Meter vor Ravellis Tor gefoult worden war: Freistoß Häßler, kurzer Anlauf, zentimetergenau gezirkelter Schuß über die Schweden-Mauer hinweg ins Netz zum 1:0 (oben) – die zweite Filigranarbeit nach seinem Meisterschuß gegen die GUS. Nicht nur die deutsche Mannschaft feierte ihren »Icke« (oben rechts), sondern die gesamte Weltpresse. »The Sun«: »Was die Deutschen vor allem ins Finale brachte, war die Brillanz seines kleinen Genies Thomas Häßler.«

zum 2:0 und 3:1, und stellte fest: »Glück kann man sich auch erarbeiten.«

Fleiß, Beharrlichkeit, samt und sonders deutsche Tugenden. Die seien, erläuterte der Bundestrainer, unerläßlich, um sich sogenannte Standardsituationen zu erarbeiten: Freistöße, Eckstöße. Thomas Häßler profitierte davon, der Scharfschütze der deutschen Mannschaft. In der elften Spielminute trat er den Ball per Freistoß aus etwa 18 Metern Entfernung zum 1:0 ins Netz, wie, »det frag' ick mir eijentlich ooch«, berlinerte der Treibauf der deutschen Mannschaft, der über Köln und Turin zum AS Rom gestoßen ist. Ein wenig hat Häßler dann doch preisgegeben von seinen Überlegungen, wie wohin zu schießen sei: »Dazu gehört immer ein bißchen Glück. Normalerweise richtet sich die Mauer auf und stellt sich auf die Zehenspitzen; das hat sie diesmal nicht getan.« Gut für Häßler, der mißt nur 1,66 Meter.

Auch den Weg zum 2:0 ebnete Häßler. Auf der linken Angriffsseite spielte er Sammer frei, der schlug einen Haken und flankte die Lederkugel flach vor das schwedische Tor, wo Riedle unbehindert ins Netz traf. Daß Andreas Brehme zuvor beim Freistoß an der Querstange gescheitert war, schien unerheblich angesichts der deutschen Mannschaft, die dem Gegner während der ersten Halbzeit nicht eine einzige Torchance gewährt

Schweden – Deutschland 2:3 (0:1)
Austragungsort: Rasunda-Stadion Stockholm
Schweden: Ravelli; R. Nilsson, J. Eriksson, Björklund, Ljung; K. Andersson, Thern, Ingesson, J. Nilsson (60. Limpar); Brolin, Dahlin (73. Ekström)
Deutschland: Illgner; Helmer; Kohler, Buchwald; Reuter, Häßler, Effenberg, Sammer, Brehme; Klinsmann (89. Doll), Riedle
Schiedsrichter: Lanese (Italien)
Tore: 0:1 Häßler (11.), 0:2 Riedle (59.), 1:2 Brolin (65., Foulelfmeter), 1:3 Riedle (89.), 2:3 K. Andersson (90.)
Zuschauer: 30 000
Gelbe Karten: Ljung, Dahlin – Effenberg, Riedle, Buchwald, Reuter

hatte. Die erste ergab sich beim Foulelfmeter in der 65. Minute, Thomas Brolin nützte sie zum 2:1. Was war geschehen? Thomas Helmer, letzter Mann der Abwehr, hatte Klas Ingesson zu Fall gebracht; regelwidrig oder nicht? »Man kann den Elfmeter pfeifen«, räumte Helmer ein, »und nach dem, was mir Kalle Riedle und Jürgen Klinsmann vorher über den italienischen Schiedsrichter erzählt hatten, wußte ich auch sofort, er pfeift ihn.«
Weshalb Berti Vogts keine Freudenkundgebungen veranstaltet hatte nach den ersten beiden Treffern, erklärte er so: »Man darf sich nicht zu sehr von einer Euphorie leiten lassen, man weiß ja, was alles passieren kann.« Zum Beispiel dieser Elfmeter, oder was drei Minuten vor Spielschluß geschah, als die deutsche Mannschaft durch das von Helmer vorbereitete und von Riedle erzielte 3:1 ungefährdet schien. Schwedische Flanke vor das Tor, Bodo Illgner will sich lässig den Ball greifen, da springt Kennet Andersson hoch und köpfelt ihn dem Torhüter durch die behandschuhten Hände. »Eine Nachlässigkeit«, gab Illgner zu, »aber das macht mir keine Kopfschmerzen. Schlimmer wäre es, wenn ich eine Flanke unterlaufen

Nach dem 2:0 (59.) nach prächtigem Paß von Rotschopf Sammer auf Riedle schien die Partie bereits entschieden, aber Tullio Lanese, einziger EM-Starter Italiens und ein hochbegabter Selbstdarsteller, mußte noch seinen großen Auftritt haben: Helmer hatte den durchgestarteten Ingesson von den Beinen geholt (oben), den Ball aber zuvor mit der Stollenplatte seines Schuhs ins Aus gedrückt. Lanese erkannte auf Foul . . .

hätte, so ein Fehler passiert mir nicht wieder.« Übel wäre es auch gewesen, hätten die mit dem Mute der Verzweiflung anstürmenden Schweden noch den Ausgleich erzielt.

■ Guido Buchwald, Nummer eins der Abwehr

Das Schicksal hat es, trotz gelegentlicher Nackenschläge wie der Verletzung von Lothar Matthäus vor und Rudi Völler während der Europameisterschaft, gut gemeint mit Vogts und den Seinen. Die Schotten hatten Hilfsdienste für sie geleistet mit dem Sieg über die Mannschaft der Gemeinschaft Unabhängiger Staaten, die Niederlage gegen die Niederländer tat zwar weh, war aber zu verschmerzen. Die lädierten Stefan Reuter und Guido Buchwald rappelten sich rechtzeitig wieder auf zum Semifinale, in dem die Schweden auf ihren Mittelfeld-Zampano Stefan Schwarz verzichten mußten, der das Fußball-Handwerk als Jugendlicher bei Bayer Leverkusen erlernt hat, und auf Patrick Andersson. Reuter meldete sich mit einem Pflaster auf der genähten Platzwunde einsatzfähig, verunstaltet im Gesicht durch Blutergüsse. Buchwald hatte trotz einer Gehirnerschütterung und zusammengeflicktem linkem Ohr vom Arzt die Spielerlaubnis erhalten. »Wenn man Fußballer ist und von Herzen gern Fußball spielt«, so Buchwald, könne man ein halbwegs kalkulierbares Risiko schon auf sich nehmen. »Vorbildlich«, lobte Bundestrainer Vogts, Buchwald sei sowieso sein Fußballer des Jahres in Deutschland. Der Teamkapitän des Meisters VfB Stuttgart verlieh der Abwehr Stabilität.

■ Thomas Helmer, Libero Numero 24

Dazu trug auch Thomas Helmer sein Teil bei. »Eine Ehre und keine Selbstverständlichkeit« sei es für ihn, mit acht Weltmeistern spielen zu dürfen auf einer Position, die seit Franz Beckenbauer keiner auf die Dauer hat zufriedenstellend besetzen können. Der Verschleiß war groß in 15 Jahren, wie die lange Namensliste der Liberos in der Nationalmannschaft beweist: Manfred Kaltz, Jupp Tenhagen, Hans-Georg Schwarzenbeck, Gerd Zewe, Uli Stielike, Bernd Cullmann, Bernd Schuster, Kurt Niedermayer, Rainer Bonhof, jetzt Vogts' Co-Trainer, Wilfried Hannes, Bernd Förster, Gerd Strack, Klaus Augenthaler, Matthias Herget, Hans-Günter Bruns, Ditmar Jakobs, Thomas Hörster, Holger Fach, Guido Buchwald, Paul Steiner, Thomas Berthold, Manfred Binz.
Auch die anderen beiden, die den weltmeisterlichen Restbestand vervollständigten, gaben sich kooperativ. »Ich stelle mich in den Dienst der Mannschaft, selbst wenn ich selber

. . . ein Geschenk an den Veranstalter, das Brolin dankbar vom Elfmeterpunkt aus im deutschen Tor plazierte (ganz oben). Von allen Sorgen befreiten in der 89. Spielminute Abwehrchef Helmer und Torjäger Riedle die Ihren, als sie nach einer tollen Kombination vor dem gegnerischen Strafraum auftauchten und Riedle mit seinem Treffer zum 3:1 sein drittes EM-Tor verbuchen konnte (oben). Das unmittelbar darauf erfolgende 2:3 durch Kennet Andersson war nur ein Schönheitsfehler, der für letzte dramatische Sekunden vor dem Abpfiff sorgte.

An Einsatzfreude und Kampfmoral mangelte es den Gastgebern nicht (oben: Björklund übertrumpft Klinsmann; oben rechts: der angeschlagene Abwehr-Recke Jan Eriksson). Schwedens Schwäche war Deutschlands Stärke. Tommy Svensson, der Trainer des Drei-Kronen-Teams: »Die Deutschen haben unheimlich gut gespielt, vor allem mit ihrem System der rotierenden Mittelfeldspieler und Stürmer kamen wir nicht zurecht. Mein Kompliment. Doch wir sind ein junges Team, uns gehört die Zukunft.« Die nähere Zukunft gehörte jedoch der deutschen Mannschaft, die den Einzug ins Finale geschafft hatte (rechte Seite: Riedle und Sammer, das »Traumpaar« des Tages).

dann nicht glänzen kann«, versicherte Sammer. »Ich versuche, die Aufgaben so zu erfüllen, wie sie mir gestellt werden. Das entspricht meinem Charakter.« Nie habe er ein Problem darin gesehen, mit Sammer zusammen zu spielen, behauptete Stefan Effenberg. Keine Rede mehr davon, daß beide vor Wochen erklärt hatten, es kümmere sie nicht, wer ihr Partner sei. Auch Vogts hat dazulernen müssen, einen bloß wollte er als Ersatz für Matthäus akzeptieren, Resultat der Überlegungen: »Sammer spielt mehr in der Offensive, Effenberg muß vor der Abwehr arbeiten.« Wieder einmal war eine Mannschaft nicht auf dem Trainingsplatz geboren worden, sondern während eines Turniers, wo es hart auf hart geht.

■ Vogts: »Ich will die Spieler anderthalb Tage nicht sehen.«

Weil ihr ein Tag länger Zeit bis zum Finale blieb als dem Gegner, schenkte Vogts seiner Mannschaft 36 Stunden Urlaub mit der Bemerkung: »Ich will die Spieler anderthalb Tage nicht sehen.« Keine Gefahr, sie nachher einzeln einfangen zu müssen wie in früheren Zeiten. »Endlich mal die Gedanken baumeln lassen«, riet Mannschaftsarzt Stefan Kindermann, der nach dem Einzug ins Finale ein Bier pro Mann genehmigte. Teamkapitän Andreas Brehme, erzählte Kindermann, »kein Kind von Traurigkeit«, habe ihm bei der Disziplinierung der Mannschaft sehr geholfen. Auf dem Spielfeld gnadenlos, gefürchtet, mit allen Wassern gewaschen, vorher und nach dem Kampf folgsam, nett und abstinent?
Das kann einer glauben oder bleibenlassen.

Ein Mittsommernachts-Traumspiel

Elfer-Killer mit Igel-Frisur: Schmeichel.

Als Marinus Jacobus Hendricus Michels nachts um halb zwölf seinen letzten Auftritt vor der internationalen Presse beendete, klatschten die Journalisten Beifall – respektvoll vor einer Autorität, die auch in der bitteren Niederlage Haltung bewahrte. Das Schlußwort hatte sich der Fußball-Lehrer eigentlich für den Tag des Finales vorgenommen, das Hollands Auswahl dann erneut gewonnen haben wollte: wie 1988, als das Oranje-Team unter seinem Regiment erstmals Europameister geworden war. Doch seine letzte Schlacht hatte der »General«, wie sie ihn seines strengen Führungsstils wegen nennen, bereits hinter sich. 4:5 im Elfmeterschießen gegen Dänemark im Halbfinale von Göteborg: Der Favorit war ausgeschieden, das Denkmal Michels (64) aber fiel deshalb nicht vom Sockel. »Meine Karriere«, erklärte Michels mit sonorer Stimme, »besteht nicht aus diesem einen Spiel. Es ändert nicht mehr meine Laufbahn, nicht mein Leben.«

Das Turnier von Schweden veränderte dieses eine Spiel durchaus und dazu für mindestens eine Nacht die Gewohnheiten eines kleinen skandinavischen Landes. Alles schien angerichtet für einen finalen Vergleich von Titelverteidiger Niederlande und Weltmeister Deutschland, doch die Dänen brachten Europa ein weiteres Mal durcheinander: erst frech die Maastrichter Verträge abgelehnt, dann aus dem Urlaub für das geschaßte Jugoslawien in die Endrunde geraten, dort eine vergnügliche Parodie auf die laborgerechte Trainingslehre abgeliefert. »Das ist unsere Mentalität«, verriet Angreifer Flemming Povlsen, »viel Spaß und viele Sprüche, aber wenn's los geht, dann sind wir voll da.« Allerdings, und nach Frankreich machte der Lückenbüßer auch vor dem erklärten Favoriten nicht halt. »Wir haben die beste Mannschaft der Welt besiegt«, frohlockte Brian Laudrup, »ich bin in diesem Moment unheimlich stolz, ein Däne zu sein.« Seine Landsleute im Ullevi-Stadion und daheim auf der Insel waren es nicht

Erst mißlang der EG der widerspenstigen Dänen Zähmung, die per Volksentscheid einfach die Maastrichter Verträge ablehnten, dann führten die bockbeinigen Kleinen auch noch Europas Fußball-Großmächte auf dem grünen Rasen vor. Im ausverkauften Göteborger Ullevi-Stadion hatte Larsen (rechts beim Keiltreiben in Hollands Abwehr) Dänemark zweimal in Führung gebracht (6., 33.); Bergkamp (24.) und Rijkaard (86.) glichen jeweils aus und erzwangen die Verlängerung, die Entscheidung fiel im Elfmeterschießen mit 5:4.

»Nie zuvor explodierte das dänische Dynamit mit einem so lauten Knall«, schrieb trefflich der schwedische »Expressen« über den sensationellen Halbfinal-Sieg des EM-Nachrückers über die amtierenden Europameister (links), und »Die Presse« (Wien) glaubte mit folgendem Titel den Nagel auf den Kopf zu treffen:

»Notnagel Dänemark wurde zum Sargnagel für Holland.« Hans van Breukelen (oben) hatte seine Fangquote während des 120-Minuten-Marathons offenbar völlig ausgeschöpft – im Elfmeterschießen mußte er passen.

minder, die Begegnung mit dem vermeintlich übermächtigen Rivalen geriet zum rauschenden Fest in Rot-Weiß. In Kopenhagen machten 50 000 Menschen die Nacht zum Tag, die Zeitungen überboten sich am folgenden Morgen gegenseitig. »Das dänische Dynamit«, titelte beispielsweise »Jyllands-Posten« in grenzenloser Begeisterung, »wurde zu einem Feuerwerk für den gesamten fußballbegeisterten Erdteil.«
Den abschließenden Beitrag zum dänischen Feuerwerk lieferte Kim Christofte (31), zehnter und letzter Teilnehmer der gnadenlosen Entscheidungsfindung aus elf Metern Entfernung. Der lief kurz an, stoppte, rückte nochmal aufreizend behutsam den Ball zurecht, schickte Widerpart Hans van Breukelen beinahe aus dem Stand in die verkehrte Richtung und drehte nach getaner Arbeit Pirouetten. Beim Gegner dagegen versagten einem die Nerven, der als geradezu unfehlbar

Ein schönes Lob für die »Dampf-Dänen« (»Bild«) kam von Bundestrainer Berti Vogts: »Die Dänen haben alle taktischen Regeln über den Haufen gerannt; so lange sie ihre Füße trugen sind sie marschiert auf eine Art und Weise, die bei dieser EM ihresgleichen sucht. Mit Feuer und Herz sind sie bei der Arbeit – ich nenne sie die ‚Südländer Skandinaviens'.« Links: Vilfort trickst Witschge aus; oben rechts: »Südländer« Jensen, den sie in der Mannschaft »Faxe« rufen, und das farbige Holland-Nordlicht Roy legen eine kleine Pause ein.

Dänemark – Niederlande 2:2 (2:1)
2:2 n. V.; 5:4 im Elfmeterschießen
Austragungsort: Ullevi-Stadion Göteborg
Dänemark: Schmeichel; Olsen; Piechnik, Christofte, Sivebaek; Jensen, Laudrup (56. Elstrup), Vilfort, Andersen (69. Christiansen); Povlsen, Larsen
Niederlande: van Breukelen; Koeman; van Tiggelen, de Boer (46. Kieft); Wouters, Rijkaard, Bergkamp, Witschge; Gullit, van Basten, Roy (115. van't Schip)
Schiedsrichter: Aladren (Spanien)
Tore: 1:0 Larsen (6.), 1:1 Bergkamp (24.), 2:1 Larsen (33.), 2:2 Rijkaard (86.)
Elfmeterschießen: 0:1 Koeman, 1:1 Larsen, van Basten vergibt, 2:1 Povlsen, 2:2 Bergkamp, 3:2 Elstrup, 3:3 Rijkaard, 4:3 Vilfort,4:4 Witschge, 5:4 Christofte
Zuschauer: 37 725 (ausverkauft)
Gelbe Karten: Andersen – Rijkaard

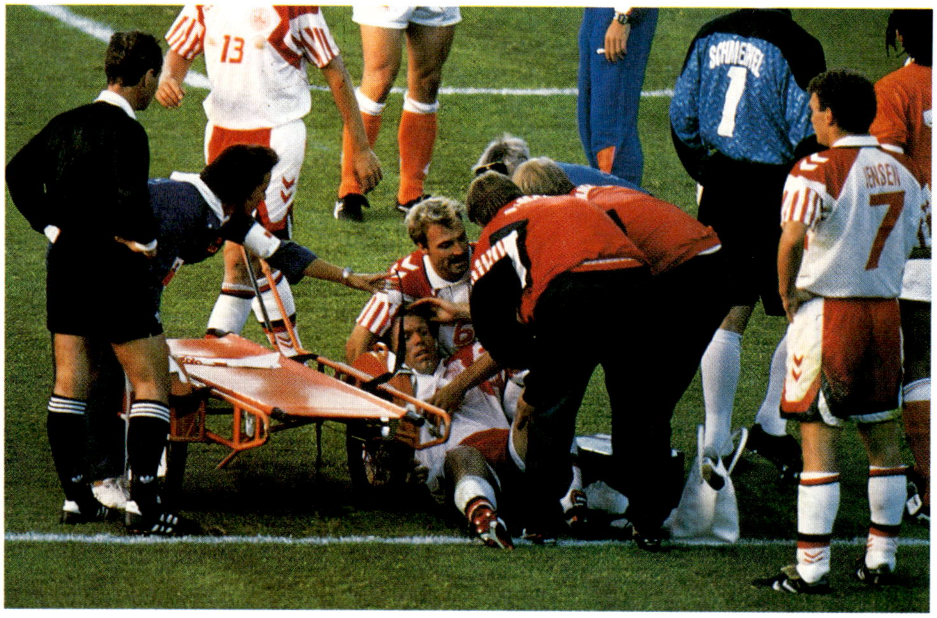

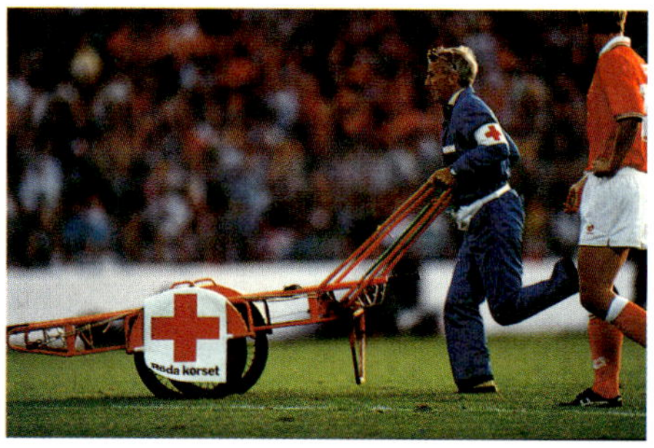

Nachdem alles vorüber war, gab »General« Rinus Michels einen fachmännischen Lagebericht von der verlorenen Schlacht: »Du mußt die kleinen Schlachten gewinnen, die Fußgefechte Mann gegen Mann, um den Krieg für dich zu entscheiden ... die kleinen Duelle, die haben wir verloren.« In der Tat – und weil dem so war, spielten die Niederländer immer härter auf und gingen zunehmend auch unfair zur Sache (mittleres Bild: de Boer attackiert Flemming Povlsen mit Händen und Füßen und riskiert dabei Kopf und Kragen und die Gelbe Karte). Der folgenschwerste Vorfall ereignet sich in der 69. Minute, als Marco van Basten und Hendrik Andersen unglücklich zusammenprallen. Der Legionär beim 1. FC Köln geht zu Boden, schreit vor Schmerzen, dann wird ihm schwarz vor Augen, die Krankenpritsche kommt angerollt (oben), Abtransport ins Krankenhaus (ganz oben), Diagnose: Trümmerbruch der linken Kniescheibe.

galt. Marco van Basten trat den Ball in dieselbe Ecke, in die sich sein Gegenüber Peter Schmeichel warf. Ausgerechnet van Basten, für den AC Mailand gerade wieder mit 25 Treffern überlegen Torschützenkönig und bei der EM auch ohne zielgerechten Abschluß als herausragender Stürmer gerühmt. »Angelo ghiacciato« nennen sie ihn in Italien, »eiskalter Engel«. Mit seinem folgenschweren Versagen konnte van Basten immerhin überzeugend nachweisen, »daß ich auch nur ein Mensch bin«.

Und irgendwie paßte van Bastens Fehlversuch sogar zum mißglückten Auftritt seines Ensembles. Als wahre Wundertruppe war das orangefarbene Team gepriesen worden, um so mehr nach dem eindrucksvollen 3:1 gegen Deutschland. Wer sollte diese Holländer schon schlagen? Selbst Michels betrachtete den Vergleich mit Dänemark nur als Durchgangsstation, das Selbstbewußtsein des Favoriten war ausgebildet bis zur Arroganz. »Die Holländer«, so Dänemarks Trainer Richard Möller-Nielsen, »haben vor dem Spiel von oben auf uns herabgeschaut.«

Hinterher waren sie am Boden. Auch die millionenschwere Mailänder Troika van Basten, Ruud Gullit und Frank Rijkaard (geschätzte Jahreseinkommen je neun Millionen Mark), der Libero Ronald Koeman aus Barcelona oder die Amsterdamer Jungstars Bryan Roy und Dennis Bergkamp konnten Dänemark nicht am nächsten Coup hindern. Was halfen hinterher noch Gullits trotzige Erklärung, »wir haben trotzdem bewiesen, daß wir die beste Mannschaft in Schweden waren«, oder van Breukelens Feststellung, »im Endspiel stehen nun die falschen Mannschaften«? Nichts, im Finale standen die Dänen, und das keineswegs zufällig. »Wir haben uns ins Finale gespielt«, stellte Povlsen klar, »nicht gemogelt.«

Und zwar mit Schwung und Hingabe, der die überheblichen Siegertypen an diesem Abend offenbar überforderte. Hendrik Larsens frühen Kopfballtreffer nach Hereingabe des flinken Laudrup (6.) glich Bergkamp nach einem der

wenigen vernünftigen holländischen Angriffe aus (24.), doch kaum zehn Minuten später landete Koemans Abwehr vor den Füßen von Larsen, und der traf erneut. Fünf Tore in 35 Spielen für Landesmeister Lyngby, drei Tore in zwei Spielen für Dänemark – auch dieser Überraschungseffekt saß. Michels: »Wir waren in der ersten Halbzeit nicht für ein so aggressives Team präpariert.«
Als Rijkaard kurz vor Schluß der regulären Spielzeit doch noch das unverhoffte 2:2 gelang, geriet der Außenseiter zwar ins Stolpern – zumal Laudrup nach rüdem Foul seines Münchner Teamgefährten Jan Wouters ausgewechselt worden war, der Kölner Hendrik Andersen beim Zweikampf mit van Basten eine schwere Knieverletzung erlitten, John Sivebaek sich den Muskel gezerrt hatte. Doch in der Verlängerung mußte Michels mit versteinerter Miene zusehen, wie sich die restlichen Dänen »auf ihren Knien bis zum letzten Pfiff schleppten«, taumelnd wie Boxer in Runde 15. Das Ergebnis war der Lohn aller Mühen. »Fußball ist auch Kampf. Wir wollten sie nur mit Fußball schlagen«, sagte Michels. »Du mußt die kleinen Schlachten gewinnen, um den Krieg zu entscheiden.«

■ Der General im Ruhestand, König Cruyff im Wartestand

Der besiegte »General« dankt ab, um die Zukunft müssen sich andere kümmern. Die Qualifikation für die WM 1994 in den USA soll der bisherige Assistent Dick Advocaat schaffen, danach kommt Johan Cruyff (44). Der war einst brillant-lässiger Libero auf dem Spielfeld, als Trainer hatte der vormalige Kettenraucher bereits einen Herzinfarkt und mit dem FC Barcelona den Europapokal gewonnen. Ein gewiefter Stratege – und vor allem ein ziemlich rigoroser Feldherr. Geeigneter, so scheint es, könnte der Erbe des »Generals« kaum sein.

Kapitän Ruud Gullit hatte die Seinen davor gewarnt, nach dem Sieg über die Deutschen allzu ausgelassen zu feiern und mit den Gedanken schon ins Finale abzuschweifen, zur zweiten und entscheidenden Begegnung des Europameisters mit dem Weltmeister: »Dieses Gerede kann für uns fatale Folgen haben. Die Dänen sind alles andere als ein Sparringspartner.« Rinus Michels, dem die Dänen mit ihrer letzten Kraft (oben: Jensen groggy vor Schmeichels Gehäuse; ganz oben: »Stretching« vor der Verlängerung) die Krone seiner Laufbahn raubten, blieb nachher nur noch, dem Gegner Respekt zu zollen: »Die haben sich auf den Knien bis zum letzten Pfiff geschleppt. Meine Anerkennung, sie haben einen heroischen Kampf geliefert.« Also sprach »der General« und wandte mit seinem Schlußwort den Blick in Richtung Ruhestand: »Meine Karriere besteht nicht allein aus diesem einen Spiel, sondern aus vielen wunderschönen, aber auch traurigen Augenblicken. Dies ist so einer.«

Canon
SAAB

Als alles vorbei war, ersann eine in der deutschen Märchenlandschaft bewanderte Stimme aus Italien (»Corriere dello Sport«) die Formulierung »Aschenbrödel im Endspiel!« Das Ende für den Favoriten Niederlande trat ein im Göteborger Ullevi-Stadion um 22.54 Uhr; es kam in Gestalt des schnauzbärtigen Kim Christofte, der sichtlich unbeeindruckt von den Millionen Augenpaaren, die seinem Treiben an den Fernsehschirmen folgten, die Spannung auf die Spitze trieb. Kurz lief er an, brach ab, korrigierte die Lage des Balles, nahm nur einen Schritt Anlauf, schickte Torwart van Breukelen ins falsche Eck (linke Seite, unten links) und traf zum 7:6 (5:4)-Endstand. »Ich wollte ihn irritieren«, so Christofte, »zuvor hatte er das ja auch bei uns versucht.« Tatsächlich war van Breukelen zum Elfmeterpunkt gegangen und hatte auf Povlsen eingeredet, bis der spanische Schiedsrichter Aladren ihm Gelb androhte (oben). Aber nur einer verwandelte nicht – Schmeichel hielt ausgerechnet den Elfer von Superstar Marco van Basten (linke Seite oben), der nach seinem Fehlschuß mit sich allein sein wollte (rechte Seite unten). Die Dänen hingegen trieben sich vor lauter Freude zu Paaren. Linke Seite, unten rechts: Tor-Halter Schmeichel mit Vollstrecker Christofte; rechte Seite oben: Brian Laudrup mit Christofte: »Vi er röde, vi er hvide« – wir sind rot, wir sind weiß – und sind auf den Titel heiß!

Wie ein Märchen von Andersen

Wer ihm wohl die Hörner aufgesetzt hat?

Der riesige Fußball auf dem Anstoßpunkt im Mittelkreis klappte auseinander, Raketen fauchten in den noch immer blauen Himmel, Goldregen und Sternschnuppen fielen herunter auf den Rasen des Ullevi-Stadions von Göteborg, wo kurz vorher ein Märchen glücklich zu Ende gegangen war. Oder ist es etwa nicht märchenhaft zu nennen, daß die Fußball-Nationalmannschaft des kleinen Dänemark den europäischen Titel gewonnen hat, den Weltmeister Deutschland 2:0 geschlagen im Finale? Nicht einmal qualifiziert gewesen waren die Dänen für das Turnier, nachgerückt erst spät für Jugoslawien, weil dort der Bürgerkrieg wütete. Und dann präsentierte am 26. Juni 1992 kurz nach 22 Uhr der Teamkapitän Lars Olsen seinen Landsleuten auf der Tribüne, darunter Premierminister Poul Schlüter und Kronprinz Joachim, den Pokal, ein Fußballer, der in der Türkei bei Trabzonspor gegen die Lederkugel tritt.

Wie gelähmt saßen die geschlagenen deutschen Spieler im Gras, sichtlich um Fassung bemüht, und schienen nur langsam zu begreifen, was ihnen widerfahren war. Die in Italien tätigen Profis, sieben an der Zahl, hatten der professionellen Art des dänischen Spiels nichts entgegenzusetzen gehabt als Härte, dokumentiert durch fünf Gelbe Karten und planloses Anrennen, und das auch nur zeitweise. Was der Europameister den Favoriten voraus hatte? »Sie haben mit Herz gespielt, das muß man schon anerkennen«, urteilte Thomas Häßler, der kleine Mittelfeldmann, der keinen Trost darin fand, zum besten Spieler des Turniers gewählt worden zu sein. »Mit Begeisterung, ohne Druck einfach drauflosgespielt, eine sympathische Mannschaft, das muß man schon sagen«, lobte Manndecker Guido Buchwald. Torhüter Bodo Illgner brachte es auf den Punkt. Gefragt, ob denn wirklich die stärkste Mannschaft Europameister geworden sei, antwortete der Torhüter: »Mit Sicherheit die willensstärkste.«

Bevor am Abend des 26. Juni das Endspiel der EM '92 angepfiffen wurde, zeigten die Fans von Schwarz-Rot-Gold noch siegesgewiß Flagge. 92 Spielminuten später war das Göteborger Ullevi-Stadion ganz in Rot-Weiß getaucht, begann für die Dänen eine rauschende Mittsommernacht. Die Fußballspieler aus dem kleinen Staate Dänemark, in der Qualifikation gescheitert, nachgerückt für das ausgeladene Jugoslawien, hatten den Titel gewonnen, nicht gegen irgendwen, sondern gegen den Weltmeister – ein Fußball-Märchen war wahrgeworden, für das es keinen Platz mehr zu geben schien im modernen Hochleistungssport.

Die Mannschaften der Finalteilnehmer während des gesungenen Vortrags ihrer Nationalhymnen. Diese ungewohnte Art der Präsentation hinterließ gleich zum Auftakt einen unbeschwerten und friedvollen Eindruck – das seit Jahrhunderten neutrale Schweden wußte natürlich, was es sich und seinen Gästen schuldig war. Für die deutsche Nationalelf war der Austragungsort des EM-Finales übrigens kein gutes Omen: Noch nie hatte eine deutsche Fußball-Auswahl in Göteborg gewonnen, sondern viermal verloren seit 1958, anno '71 0:1 mit dem nachmaligen Bundestrainer Berti Vogts, seinem Amtsvorgänger Franz Beckenbauer und dem Torwarttrainer Sepp Maier. Die Serie der Mißerfolge im Ullevi-Stadion, die mit der Niederlage gegen die Niederlande im letzten Gruppenspiel ihren Lauf genommen hatte, sollte sich fortsetzen …

EUTSCHLAND-POWER
Der VIZEMEISTER
ATSV Stockelsdorf
grüßt die
EUROPAMEISTER
VIGGO

Die hat ihren Triumph genossen und den Freudenbecher geleert bis zur Neige. Mitternacht nahte, doch hätten sie die Zeit anhalten können, der wunderschöne Tag wäre nie zu Ende gegangen. Die dänischen Fußballer zögerten den Abschied von der Stätte ihres sensationellen Erfolgs so lange hinaus, wie es ging. Der Bus voll enttäuschter deutscher Kicker war längst abgefahren, da stand Brian Laudrup im roten Trikot und kurzer Hose in der lauwarmen schwedischen Sommernacht vor dem Stadion, eine Büchse Bier in der Hand, vom Kopf bis zu den Füßen, die noch in den Stollen steckten, eine Demonstration dänischer Lebensart. »Das war typisch dänisch, auch unsere Vorbereitung«, erklärte Laudrup und genoß seine Spätvorstellung. »Gut, acht Tage, die waren eigentlich zu wenig, zwei Wochen wären ideal gewesen.« Aber vier Wochen wie die Deutschen, bloß nicht, »ich finde, da verliert man einfach die Lust und den Spaß, Fußball zu spielen«.

Die Konkurrenz steuert das Training nach Laktatwerten und speist nach Plan, der dänische Fußballer, was ihm schmeckt, auch schon mal Hamburger. »Wir sind zu McDonalds gefahren, das ist nicht das Gesündeste, was es da gibt, das wissen wir alle«, berichtete Laudrup. Mahlzeit. Geschluckt haben sie auch. »Wir haben zwei, drei Bier zuviel getrunken nach den Spielen gegen Frankreich und Holland.« Prost. Weshalb das gutgeht? »Wir wissen alle, jetzt können wir feiern und jetzt müssen wir uns auf das Spiel konzentrieren, sowas zeichnet eine Mannschaft aus.« Und einen vernünftigen Trainer, daß er auch mal alle Fünfe gerade sein läßt. Der Unterschied, laut Laudrup: »Wenn ein Spieler den Berti Vogts gefragt hätte, dürfen wir ins McDonalds fahren, dann wäre er nach Hause geschickt worden, glaube ich.« Ganz sicher nicht, aber da fragt schon keiner.

Vier Rückpässe während der ersten zwei Minuten leisteten sich die Dänen, vom Anpfiff weg stark unter Druck gesetzt durch die mit der Abendsonne im Rücken angreifende deutsche Mannschaft. Sie ließen den Weltmeister kommen und konterten, als es keiner erwartete: In der 19. Spielminute spielte Brehme den Ball nahe der Eckfahne, sah Vilfort nicht, der ihn von hinten regelwidrig attakkierte, der Linienrichter rührte sich nicht – Rückpaß zu Jensen, Schuß aus rund 15 Metern Entfernung: 1:0 für Dänemark. Die Deutschen, sichtlich irritiert, ließen den Gegner mehr und mehr ins Spiel kommen, Illgner unterliefen Fangfehler, Kohler bekam einen schweren Stand gegen Povlsen (oben), der ihn einige Male passierte, und auch Laudrup (rechte Seite, mit Buchwald) tauchte immer häufiger vor dem deutschen Strafraum auf.

Haben die Dänen die Fußballwelt aus den Angeln gehoben, muß alles neu überdacht weden, was bislang als gesicherte Erkenntnis auf dem Weg zum Erfolg galt? Ganz bestimmt nicht, aber doch, ob nicht gelegentlich ein bißchen weniger mehr wäre. Locker vom Hocker wird künftig auch für die Dänen nicht mehr das Motto sein können, sie haben die Unschuld verloren bei dieser Europameisterschaft. »In der WM-Qualifikation sind wir jetzt die Favoriten gegen Litauen, Lettland und was weiß ich«, sagt Brian Laudrup.

■ Vogts: »Ich finde keinen Trost.«

Die deutsche Mannschaft ist Titelverteidiger und braucht sich nicht vorher schon zu bewähren, auch nicht einfach sei das, sagte Bundestrainer Hans-Hubert Vogts, und drohte am Tag nach dem verlorenen Endspiel Konsequenzen an: »Wer die Einstellung nicht mitbringt, hat bei uns nichts zu suchen.«

Hat es nur am guten Willen gefehlt? Was war geschehen im Ullevi-Stadion, daß Vogts klagen mußte: »Ich finde keinen Trost«? Die Dänen hatten den Gegner mit einem ganz einfachen Plan aufs Kreuz gelegt, der ging so: Einschläfern, anschleichen, zuschlagen. »Die haben sich zurückgezogen und am Anfang unheimlich harmlos gespielt, bis zu dem Tor, das war für uns wie ein Schock«, analysierte Buchwald. So war es passiert: Andreas Brehme verliert den Ball nahe der Eckfahne an Kim Vilfort, Rückpaß, Schuß von John Jensen, drei, vier Schritte vom Strafraum entfernt, 1:0 für Dänemark. Brehme beklagte sich später bitter über den Schweizer Schiedsrichter Bruno Galler: »Ich wurde klar gefoult. Wenn er das nicht gesehen hat, dann ist es gut, daß er aufhört.« Stimmt, der Däne hatte sich regelwidrig des Balles bemächtigt, der Linienrichter stand tatenlos daneben und sah zu, nachher gestand er seinen Fehler ein. Schwer fiel indes ins Gewicht, wie die deutsche Mannschaft reagierte. »Sie hat sich nach dem Rückstand von der Hektik anstecken lassen«, rügte Vogts und sprach von einem Abwehrfehler.

Daß die Dänen ihre Gegner schon in deren Spielfeldhälfte attackierten, keineswegs überraschend, so machen sie es immer, wäre vielleicht nicht entscheidend gewesen. Viel mehr zu

Deutschland – Dänemark 0:2 (0:1)
Austragungsort: Ullevi-Stadion Göteborg
Deutschland: Illgner; Helmer; Kohler, Buchwald; Reuter, Häßler, Effenberg (81. Thom), Sammer (46. Doll), Brehme; Klinsmann, Riedle
Dänemark: Schmeichel; Olsen; Piechnik, K. Nielsen; Sivebaek (67. Christiansen), Vilfort, Jensen, Christofte, Larsen; Povlsen, Laudrup
Schiedsrichter: Galler (Schweiz)
Tore: 0:1 Jensen (19.), 0:2 Vilfort (78.)
Zuschauer: 37 725 (ausverkauft)
Gelbe Karten: Effenberg, Häßler, Reuter, Doll, Klinsmann – Larsen, Piechnik

schaffen machte ihr Kim Christofte, der Thomas Häßler auf Schritt und Tritt verfolgte. Dessen Mitspieler hatten sich im Laufe des Turniers daran gewöhnt, dem umtriebigen Häßler den Ball zuzuspielen, das war so schön bequem. Wo blieben Matthias Sammer, Stefan Effenberg, Stefan Reuter, Brehme, als es erforderlich gewesen wäre, in die Bresche zu springen? Vogts: »Darüber ärgere ich mich, daß die Spieler ihre Leistungen nicht kritisch sehen können. Sie spielen weit unter Form, aber glauben, sie wären Weltklasse. Sie müssen das Wort Selbstkritik lernen.«

■ Völlers Abschied

In der Halbzeit wurde versucht, zu retten, was noch zu retten war. Buchwald hat darüber berichtet: »Wir haben uns gegenseitig angefeuert und gesagt, jetzt kämpfen wir sie nieder.« Der Versuch wurde mit untauglichen Mitteln unternommen, Doll streckte Jensen nieder, Brehme schickte Vilfort zu Boden, Reuter gleich noch einmal, er sah die gelbe Verwarnungskarte. Mit dem Kopf durch die Wand zu stoßen erwies sich auch nicht als taugliches Mittel zum Erfolg. Immerhin resultierte daraus ein Freistoß, Brehme schoß den Ball aus rund 22 Metern Entfernung in die Mauer, er prallte nach rechts zu Reuter. Doch bis der die Lederkugel unter Kontrolle gebracht hatte und zum Schuß ansetzte, war der Weg versperrt, hatte ihn der Gegner eingekreist.
Und dann geschah, was Buchwald später so schilderte: »Die kommen zum zweiten Mal vors Tor und schießen ihn rein.« Ein Konter, gewiß, Vilfort hatte den Ball, unbemerkt vom Schiedsrichter, mit dem Arm in die Laufrichtung gelenkt, als er das 2:0 erzielte in der 78. Minute, aber das mochte Bundestrainer Vogts nicht als Entschuldigung gelten lassen. Er rügte: »Wir haben verloren, weil wir unsere eigenen guten Chancen vergeben haben und mit zwei Abwehrfehlern den Dänen Tore ermöglichten.«

Vieles hatte die deutsche Mannschaft probiert, nichts war gelungen. Aus Furcht vor Kontern durch Ballverluste wurde versucht, die Deckung der Dänen über die Flanken aus den Angeln zu heben, was an der Kopfballstärke des Gegners scheiterte. Karlheinz Riedle und Jürgen Klinsmann reckten sich vergebens, Klinsmann war zuvor mit einem Flachschuß an Torhüter Peter Schmeichel gescheitert. Auch das Bemühen, die beiden Stürmer flach anzuspielen, scheiterte am vielbeinigen Verhau in der Spielfeldmitte.

Ein bißchen Schuldeingeständnis war schließlich doch noch zu vernehmen. »Ich hatte die einmalige Chance, mit 23 Jahren Europameister zu werden,

Das Bild links täuscht: Die beiden, die sich da scheinbar voneinander abwenden, sind unzertrennliche Freunde – mit den zwei kleinen Unterschieden, daß Stefan Effenberg auf Weißwein steht und für Deutschland spielt und Brian Laudrup Rotwein bevorzugt und für Dänemark dribbelt. Beim FC Bayern galten sie als »siamesische Zwillinge«. »Wenn's 'ne Frau wäre, würde ich ihn sofort heiraten«, hat »Effe« mal gewitzelt. In Schweden telefonierten sie täglich miteinander, so auch am Tag vor dem Endspiel, als sie die Chancen für das Finale abwogen. Laudrup: »Ich habe gesagt, wir gewinnen natürlich, da war er nicht einverstanden. Aber egal, wie es ausgeht, wir werden die Trikots tauschen und eine Ehrenrunde zusammen laufen.« Aber nicht gleich bis Florenz, oder? Eine versöhnliche Geste kam nach dem Spiel auch von dem deutschen Kapitän Andreas Brehme (Bild oben), dem der Ball unmittelbar vor dem Führungstor der Dänen »abgefoult« wurde: »Wie die Tore zustandekamen, ist jetzt egal – die Dänen haben gesiegt und sind verdient Europameister!«

Die größte Chance für die deutsche Mannschaft erarbeitete sich Jürgen Klinsmann (rechte Seite: gefoult von Piechnik) in der 73. Spielminute, als er sich durch die dänische Abwehr kämpfte und den Ball Riedle schußgerecht servierte – der Torschrei blieb den deutschen Zuschauern aber im Halse stecken, denn Nielsen hatte den Fuß dazwischen. Fünf Minuten später feierten die Rot-Weißen (links) ihren Torschützen Vilfort, der alle deutschen Hoffnungen auf den Ausgleich begraben hatte, und zwar unter Zuhilfenahme seines rechten Arms, mit dem er den Ball in die Schußbahn lenkte; der Ball prallte vom rechten Torpfosten zum 2:0 ins Netz, Illgner hatte keine Chance (oben).

aber wir haben sie einfach vertan«, sagte Stefan Effenberg. Ich, wir? Im Kusthotellet in Varberg hat der Teamkapitän offiziell lieber nichts mehr gesagt an diesem tristen Abend, denn »jeder hat mit sich selbst zu tun gehabt«. Ob Brehme sich verpflichtet, Vogts bis zur Weltmeisterschaft 1994 in den USA zur Verfügung zu stehen? »Mich muß man nicht bitten, wer gebeten werden muß, nützt der Nationalmannschaft nichts. Ich werde das ganz allein entscheiden.«
Rudi Völler, von Brehme als Kapitän abgelöst, weil sich der Stürmer den Arm gebrochen hatte, mag nicht mehr mitspielen. »Zehn Jahre sind genug«, erklärte Völler am Samstag vor seinem Rückflug nach Frankfurt. Sein Rücktritt habe längst festgestanden, es bestünde kein Zusammenhang mit dem verlorenen Finale. Der Entschluß des 32jährigen Angreifers muß für Vogts nicht überraschend gekommen sein, er hat es wohl geahnt. Still und heimlich läßt der Bundestrainer ihn nicht abtreten. »Ich habe zu Rudi gesagt, daß er sich nicht so verabschieden kann. Er war ein Vorbild für die Jugend und eine Integrationsfigur in der Mannschaft. Er hat einen richtigen Abschied verdient und spielt deswegen am 1. Oktober gegen Mexiko ein letztesmal mit.«

■ Der zweite Platz – ein Schleudersitz?

Wie geht es weiter in der deutschen Fußball-Nationalmannschaft? Berti Vogts hat eine nicht gerade neue Erkenntnis gewonnen: »Wir müssen in Zukunft mehr auf Robustheit setzen. Die Techniker, die sich nicht durchsetzen, haben international keine Chance mehr. Wir brauchen einfach mehr Typen, die sich behaupten.« Deshalb mußte sich Vogts während des Turniers von seinem Libero Manfred Binz und dem Mittelfeldspieler Andreas Möller trennen, der sei, so der Bundestrainer, »für mich die größte Enttäuschung«. Nichts anfangen könne er »mit Typen, die erst locker werden, wenn sie nicht mehr spielen«.
Schwer hat es Vogts künftig. Über kurz oder lang wird ein Teil der Presse im Namen der Öffentlichkeit seinen Rücktritt fordern, was hat er bloß verbrochen? »Der zweite Platz zählt doch nicht«, weiß er, wen kümmert es schon, daß sein Vorgänger Franz Beckenbauer in seinem ersten Turnier, der Weltmeisterschaft 1986 in Mexiko, das DFB-Team zwar ins Finale geführt hatte, aber dort ebenfalls gescheitert war, und bei der Europameisterschaft 1988 schon im Semifinale an den Niederländern? »Mit einem Sieg hätten wir dem Bundestrainer enorm helfen können, daß er auch in der Öffentlichkeit zu dem Ansehen kommt, das er verdient hat, denn er arbeitet rund um die Uhr«, sagte Torhüter Bodo Illgner, und meinte bedauernd: »Leider hat es nicht geklappt.« Doch was gilt harte Arbeit schon im Vergleich zum Charisma, das Beckenbauer ausstrahlte? Wenig, nichts, gar nichts.

92

Die Spiele der Europameisterschaft 1992

GRUPPE I

Schweden
Frankreich
Dänemark
England

10. 6. in Stockholm Schweden – Frankreich	1:1 (1:0)
11. 6. in Malmö Dänemark – England	0:0
14. 6. in Malmö Frankreich – England	0:0
14. 6. in Stockholm Schweden – Dänemark	1:0 (0:0)
17. 6. in Stockholm Schweden – England	2:1 (0:1)
17. 6. in Malmö Frankreich – Dänemark	1:2 (0:1)

TABELLE

1. Schweden	3	4:2	5:1
2. Dänemark	3	2:2	3:3
3. Frankreich	3	2:3	2:4
4. England	3	1:2	2:4

GRUPPE II

Niederlande
Schottland
GUS
Deutschland

12. 6. in Göteborg Niederlande – Schottland	1:0 (0:0)
12. 6. in Norrköping GUS – Deutschland	1:1 (0:0)
15. 6. in Norrköping Schottland – Deutschland	0:2 (0:1)
15. 6. in Göteborg Niederlande – GUS	0:0
18. 6. in Göteborg Niederlande – Deutschland	3:1 (2:0)
18. 6. in Norrköping Schottland – GUS	3:0 (2:0)

TABELLE

1. Niederlande	3	4:1	5:1
2. Deutschland	3	4:4	3:3
3. Schottland	3	3:3	2:4
4. GUS	3	1:4	2:4

HALBFINALE

21. 6. in Stockholm Schweden – Deutschland	2:3 (0:1)
22. 6. in Göteborg Dänemark – Niederlande	7:6 (2:2 n. V., 2:1, 2:2, 5:4 i. E.)

FINALE

26. 6. in Göteborg Deutschland – Dänemark	0:2 (0:1)

Ihm war EM-Glücksbringer Berni (oben) besonders hold: Larsen (links), mit vier Treffern neben Bergkamp Torschützenkönig.

EM-TORSCHÜTZENLISTE
(mit Elfmeterschießen)

4 Tore: Bergkamp (Niederlande)
Larsen (Dänemark)

3 Tore: Brolin (Schweden)
Riedle (Deutschland)
Rijkaard (Niederlande)

2 Tore: Elstrup (Dänemark)
Eriksson (Schweden)
Häßler (Deutschland)
Papin (Frankreich)
Vilfort (Dänemark)
Witschge (Niederlande)

1 Tor: K. Andersson (Schweden)
Christofte (Dänemark)
Dobrowolski (GUS)
Effenberg (Deutschland)
Jensen (Dänemark)
Klinsmann (Deutschland)
Koeman (Niederlande)
McAllister (Schottland)
McClair (Schottland)
McStay (Schottland)
Platt (England)
Povlsen (Dänemark)

In Schweden siegte der Fußball

Stockholm, das »Venedig des Nordens«.

Die Fußball-Europameisterschaft 1992 in Schweden wird in die Geschichte eingehen. Sie enthielt alle Elemente hochgespannter Dramatik, verdichteter Spannung und völliger Hingabe im Kampf um den Ball. Der eigentliche Sieger aber blieb das Fußballspiel. Das Finale im Ullevi-Stadion von Göteborg zwischen Deutschland und Dänemark wurde zu einem leuchtenden Beispiel dafür, was sich die schwedischen Veranstalter von diesem Turnier erhofft hatten – unabhängig von den Endspielteilnehmern.

Es dauerte geraume Zeit, ehe den dänischen Europameistern die neue Würde wirklich bewußt wurde. Jahrhundertelang fast traumatisch daran gewöhnt, dem großen Nachbarn im Süden unterlegen zu sein, wurde es dänische Tradition, der Niederlagen zu gedenken. Einschließlich derer, die Schweden bereitete. Von einem Sieg über Deutschland wagte daher kaum jemand zu träumen, daher ist das Erfolgserlebnis der Nation um so tiefer. Was für die einen das Wunder aus Dänemark war, blieb für andere ein Phänomen des Willens und der Entschlossenheit, sich als David dem Goliath zu stellen und die einmalige Chance zu nutzen.

Die Fußball-Europameisterschaft sollte ungeachtet aller Sicherheitsvorkehrungen ein Freudenfest werden, begünstigt vom hellen Licht des nordischen Sommers. Zu seinen Höhepunkten zählte nicht nur das Mittsommernachtsfest – jene höhere Einheit von Heiden- und Christentum –, sondern auch das Halbfinale zwischen Schweden und Deutschland in Stockholm. Die schwedische Nationalmannschaft kam auf eine doppelte Probe: Die Qualifikation der Fußballer und die Bereitschaft des Schwedischen Fußballbundes, die Spiele auszurichten. Dies löste hier und da Bauchschmerzen aus – und die bange Frage, ob Schweden angesichts fehlender Erfolge und seiner begrenzten finanziellen Mittel in der guten Gesellschaft bestehen könne und dazu in der Lage sei, die größte sportliche Veranstaltung seit den Fußball-Weltmeisterschaften 1958 befriedigend abzuwickeln.

Die Niederlage gegen den deutschen Weltmeister setzte keinen schwedischen Weltschmerz frei. Die Zeitung »Dagens Nyheter« kam zu dem Ergebnis: »Die schwedische Fußball-Nationalmannschaft war besser als gut bei der Europameisterschaft, kollektiv und individuell.« Ihr Mitarbeiter Göran Löwgren schrieb u. a.: »Mit dem Ergebnis in der Hand muß der Trainer Tommy Svensson wegen seiner Mannschaftsaufstellung kritisiert werden..., aber insgesamt gesehen ist dies als Randbemerkung zu verstehen. Vermutlich hätte es keine Rolle gespielt, wie die Mannschaft formiert worden wäre – die Deutschen waren ganz einfach zu gut.« Zum »einzigen Spieler mit Weltklasse« ernannte »Svenska Dagbladet« den schwedischen Stürmer Thomas Brolin und meinte: »Schweden fiel mit wehender Flagge gegen Deutschland.« Lennart Johansson, schwedischer UEFA-Präsident und für zwei weitere Jahre gewählt, war demgegenüber der Ansicht, am schönsten sei, daß Schweden wieder mehrere Fußballkicker von Weltrang habe. Besonders herausragend sei jedoch der Geist der Mannschaft gewesen.

Der Schwedische Fußballbund scheute keine Anstrengungen, um die Europameisterschaft organisatorisch und technisch einwandfrei zu gestalten. Von einigen Schönheitsfehlern abgesehen ist dies auch gelungen. UEFA-Präsident Lennart Johansson äußerte sich stolz über den Einsatz der vielen Mitarbeiter bei der Ausrichtung der Spiele. Es sei zwar viel über die Ausgaben für die Polizei und die Hooligans geredet worden, doch habe Schweden als kleines Land gezeigt, die Fußball-Europameisterschaft durchführen zu können.

An seiner Fläche von rund 450 000 km^2 gemessen ist Schweden wahrlich kein kleines Land, doch zählt es mit 8,6 Millionen Einwohnern nicht zu den am dichtesten besiedelten Staaten. In den vier Provinzen einschließlich Stockholms und des Mälarsees und den drei Provinzen der Westküste mit Göteborg und Malmö lebt die Hälfte der Einwohner. Im hohen Norden dagegen müssen Dörfer geschlossen werden, weil die Unterhaltung öffentlicher Dienstleistungen zu teuer kommt. Über 70 Prozent der Gesamtfläche hat eine Bevölkerungsdichte von sechs oder weniger Personen je Quadratkilometer.

Das ist der Grund dafür, daß die schwedischen Stadien für den Haus-

Der Mittsommer – für die Schweden schon ohne jeden anderen Anlaß Grund genug zum Feiern – hatte dieses Jahr durch den Einzug von »König Fußball« (im Bild eine Trachtengruppe vor Anpfiff einer EM-Partie) noch zusätzlichen Reiz erhalten. Eigentlich seien sie ja nicht so sehr am Fußball interessiert, sondern eher an Tennis oder Eishockey, gaben viele Schweden schon mal vorbeugend kund und zu wissen, falls sie eine schlechte Figur in dem Turnier gemacht hätten. Aber dann spielten sie großartig auf und gingen erst gegen den Weltmeister »mit wehender Flagge« unter.

gebrauch reichen, für Meisterschaftsturniere aber keine ausreichende Kapazität haben. Das haben auch Hotels und Gaststätten zu spüren bekommen: Selbst an »Großkampftagen« waren sie nicht ausgebucht. Dem Europäischen Fußballbund bleibt es überlassen zu entscheiden, ob in Zukunft Mindestgrenzen der Zuschauerplätze in den Stadien vorhanden sein müssen, um als Gastgeberland für Europameisterschaften in Betracht zu kommen.
Das Stadion von Rasunda wurde für 40 Millionen Schwedenkronen umgebaut, um die Steh- in Sitzplätze zu verwandeln. Einige Stadien erhielten, unter anderem in Malmö und Norrköping, neue Pressetribünen oder Flutlichtanlagen. Die Kommune Norrköping übernahm die Kosten für zwei neue Tribünen. Die gesamte organisatorische Abwicklung wurde von 3000 Mitarbeitern bestritten. Die Hälfte von ihnen bestand aus ehrenamtlichen Mitarbeitern des Schwedischen Fußballbundes.

■ Von Hooligans und Roligans

Durch die begrenzte Zuschauerkapazität war der Kampf um die Eintrittskarten härter denn je, doch stellen die Einnahmen der Fußball-Europameisterschaft in Schweden alles bisher dagewesene in den Schatten. Die Durchführung der Spiele kostete ca. 60 Millionen Schwedenkronen. Etwa die Hälfte dieses Betrages, 35 Millionen Schwedenkronen, stellte der Europäische Fußballbund den Schweden zur Verfügung. Die Einnahmen der UEFA beliefen sich auf 275 Millionen Schwedenkronen. Der Verkauf der Fernsehrechte und der Eintrittskarten – die teuerste 163 DM – brachte jeweils 100 Millionen Schwedenkronen ein, der Restbetrag stammte von Sponsoren. Mit dem Fußball rollten Hunderte von Millionen Kronen, was in erster Linie einer multinationalen Marketingfirma mit Sitz in der Schweiz zuzuschreiben ist. Sie hat jede Möglichkeit der EM kräftig vermarktet und kam selbst nicht zu kurz. Wenn auch einige Schweden darüber murrten, daß die Firma ca. 40 Millionen Schweizer Franken für sich herausholte, so gaben sie gleichzeitig zu, daß sie ungeachtet der bescheidenen Verhältnisse großes Geld für den Fußballsport herausgeholt hatte. Der

Schwedische Fußballbund wird davon aber kaum profitieren. Seine Ausgaben waren so hoch, daß der Reingewinn kaum fünf Millionen DM erreichen wird. Frau Barbra Andersson vom Schwedischen Fremdenverkehrsamt veranschlagt die Deviseneinnahmen von ausländischen Gästen auf rund 310 Millionen Schwedenkronen. Von ihnen fließen zwei Drittel in die Staatskasse. Sie wurde in erster Linie durch die zusätzlichen Ausgaben für die schwedische Polizei belastet. Obwohl sie lange auf die Aufgabe vorbereitet war, Krawalle und Verheerungen zu verhindern, ist ihr das nur teilweise gelungen. Es wurde mit 4800 Beamten fast ein Drittel aller verfügbaren Kräfte aufgeboten, um Ruhe und Ordnung aufrechtzuerhalten, wobei das Vorgehen gegen Einheimische nicht weniger belastend war als das gegen Ausländer.

Schon lange vor dem Beginn der Spiele meinte der Vorsitzende des Verbandes schwedischer Polizeibeamter, Gunno Gunnmo, seine Mitglieder hätten sich nicht um die Ausrichtung der Fußball-Europameisterschaft beworben. Sie sei ihm keinen einzigen blauen Fleck eines schwedischen Polizeibeamten wert, und die Mehrausgaben wären für vorbeugende Maßnahmen zur Verbrechensbekämpfung besser ausgegeben gewesen. Ausländische Beobachter, unter ihnen deutsche Spezialisten, vertraten die Ansicht, die schwedische Polizei habe, von Malmö abgesehen, taktisch klug gehandelt und zum Beispiel in Stockholm die Zusammenrottung von ausländischen Schlachtenbummlern von vornherein verhütet. Dennoch löste das Verhalten englischer Hooligans erneut die Frage aus, ob bestimmte Nationen erneut von der Teilnahme an Europameisterschaften ausgeschlossen werden müßten und ob Großbritannien als kommendes EM-Gastgeberland eine glückliche Wahl sei.

Ein Kommentator der dänischen Zeitung »Berlingske Tidende« meinte dazu unter anderem: »Es dreht sich natürlich nicht nur darum, daß einige Fußball-Rohlinge Amok laufen. Psychologen sprechen von einem massenpsychologischen Mechanismus in einer geladenen Atmosphäre, in der der einzelne Mensch seiner Individualität entkleidet wird und sich im Menschenmeer verirrt... Es muß darum gehen, das Spiel und das Fest in die Fußball-Arena zurückzubringen. Es besteht ein Zusammenhang zwischen dem, was auf dem Spielfeld geschieht und dem, was sich nachher auf den Straßen abspielt. Sind die dänischen Roligans nicht Ausdruck dessen?« Um sich von den Hooligans zu unterscheiden, nennen sich dänische Fans »Roligans«, womit sie zu erkennen geben, sich ruhig (rolig) zu verhalten und nicht gewalttätig zu sein. Nach dem Spiel zwischen Dänemark und den Niederlanden verbrüderten sich die Schlachtenbummler beider Länder auf friedliche Weise: Dänische »Klappmützen« zierten holländische Köpfe, orangene Mützen dänische Gesichter, die durch Schminke zum Danebrog geworden waren.

Die englischen Hooligans waren als Repräsentanten eines Underdog-Phänomens Gegenstand sezierender schwedischer Analysen. Selbst jene Schweden aber, die den Fußball als Sport kleiner Leute betrachten und damit innerlich von ihm abrücken, weil er weder Tennis noch Eishockey ist, wurden von der nationalen Begeisterung über die Leistungen der schwedischen Fußballer angesteckt.

■ Seiteneinstieg auf den Thron

Die Aussperrung der jugoslawischen Nationalmannschaft infolge der UNO-Sanktionen durch die FIFA und die UEFA aufgrund des tragischen Krieges auf dem Balkan zwang sie dazu, Schweden schweren Herzens wieder zu verlassen. An ihre Stelle rückte Dänemark als zweiter der Qualifikationsrunde nach. Bis zur endgültigen Entscheidung hielt sich der Dänische Fußballbund stark zurück, die Regierung ebenfalls. Niemand mochte sich der Gefahr aussetzen, der »Leichenfledderei« an jugoslawischen Sportkollegen bezichtigt zu werden. Aufgrund dieser Sachlage wurde die dänische Beteiligung zu einer wahren

Zur Abwehr von Rowdies allzeit bereit – während der EM herrschte bei der schwedischen Polizei Alarmstufe 1 (ganz oben). Nicht nur englische Hooligans liefen Amok, in Göteborg randalierten nach dem verlorenen Holland-Spiel deutsche Fußball-Chaoten und verwandelten zahlreiche Cafés in der Innenstadt in einen Scherbenhaufen (oben). Rechte Seite: Freiwillig hinter »schwedische Gardinen« begab sich das DFB-Aufgebot in seinem EM-Quartier; die meisten Fans haben sich friedlich verhalten und bisweilen auch originell in Szene gesetzt.

Hals-über-Kopf-Aktion. Als unterschätzte Urlauber, die alle Ferienpläne aufgeben mußten, überraschten und gefielen die Dänen, besonders gegen Frankreich und die favorisierten Niederländer. Sie legten sich auf eine Weise ins Zeug, die an das rot-weiße Dynamit ihrer Glanzzeit in den 80er Jahren erinnerte. Die Dänen freuen sich ihrer Erfolge und nehmen Niederlagen nicht zu schwer. Das spielerische Element ist trotz des Professionalismus erhalten geblieben. Der gesunde Humor, die Selbstironie und Kameradschaft taten ein übriges, um die Mannschaft zusammenzuschweißen.

Manche sehen in der dänischen Sorglosigkeit allerdings auch die Ursache dafür, daß sie es bis zum Endspiel von Göteborg nicht zu einer Spitzenposition gebracht hatten.

Der Sieg über die Niederländer, dem der Erfolg über Frankreich vorausgegangen war, vereinte nach dem nervenaufreibenden Spiel rund 50 000 Kopenhagener auf dem Rathausplatz in einem spontanen Freudentaumel, der nicht einen einzigen Polizeieinsatz erforderlich machte. Vor dem Endspiel gegen Deutschland hatten sich an mehreren Stellen der dänischen Hauptstadt erneut Zehntausende versammelt. Sie feierten – wie das ganze Land – bis zum Morgen ein weiteres Freudenfest. Zum ersten Mal in der Geschichte des dänischen Fußballsports ist Dänemark Europameister, ein Titel, der vor dem Beginn des Turniers allenfalls unter Optimisten als Traumziel galt.

Die dänischen Kicker freuen sich darauf, ihrem heimatlichen Publikum und ihren »Roligans«, die sie in Schweden so kräftig unterstützten, etwas ganz besonderes bieten zu können: Am 9. September wird das völlig neu gebaute Nationalstadion Idraetsparken im Herzen von Kopenhagen wieder eingeweiht – mit einem Fußball-Länderspiel zwischen dem deutschen Weltmeister und dem dänischen Europameister. *Georg Ring, Stockholm*

Fußball-Fest in den USA

Emblem der XV. Fußball-WM '94

Die Versprechungen des nächsten WM-Ausrichters USA sind weltmeisterlich: Jede Eintrittskarte wird verkauft, alle Spiele werden live ohne Werbeunterbrechungen übertragen, perfekte WM-Stätten, die finanziell erfolgreichste WM aller Zeiten und ein Fußball-Boom im eigenen Land. »Die FIFA hat eine weise Entscheidung getroffen. Sie haben den besten Sport an das wichtigste Land der Welt vergeben. Wir werden der Welt zeigen, daß wir eine Fußball-Nation geworden sind«, sagte US-Verbandspräsident Alan Rothenberg mit typisch amerikanischem, oft an Selbstüberschätzung grenzendem Optimismus, »ich glaube, wir können sogar Weltmeister werden«. Rothenberg bekam für diese mutige Bankettansprache Riesenbeifall, aber wie so oft klaffen auch vor der Show made in USA Wunsch und Wirklichkeit weit auseinander. In einer Umfrage der »Sports Marketing Group« in Dallas nach den beliebtesten Sportarten der Amerikaner lag internationaler Fußball nur an 75. Stelle, deutlich hinter Billard (27), Rodeo (32), Bodybuilding (35), Frauen-Kegeln (56) und Karate (74). Peinlich für die WM-Organisatoren. Eine Nation hat gesprochen. Selbst Hunderennen (82) waren populärer als Fußball im eigenen Land. Kein Wunder, schließlich kämpft die Major Soccer League seit Jahren ums Überleben. Zwar spielen in den USA mittlerweile mehr als 16 Millionen Fußball, aber nach wie vor fehlt eine professionelle Einheitsliga im Freien.

■ Maradona, die falsch geschriebene Madonna

»Es fehlen die Finanzen. Vor 1995 hat so eine Liga keinen Sinn«, so Rothenberg, wohlwissend, daß die WM auf lange Sicht die letzte Durchbruch-Chance für Fußball in den USA ist, »dann werden uns die Nachwirkungen der WM sicher helfen«. Noch aber denken viele Amerikaner beim Namen Maradona, jemand habe Madonna falsch geschrieben. Soccer sei viel zu langweilig für die Amerikaner, kommentierte Ira Berkow, Sportkolumnist der »New York Times«, zu wenig Action, zu wenig Blut und nicht genügend Raufereien. Wenigstens die Regeln seien einfach: »Wenn sich der Ball bewegt, kicke ihn. Wenn nicht, kicke ihn, bis er sich bewegt.« Ein Nationalheld a la Babe Ruth, Joe Montana oder Magic Johnson wird ein US-Nationalspieler nie werden. Auch Ex-HSV-Profi Paul Caligiuri nicht, der die USA durch das entscheidende Tor in Trinidad nach Italien schoß.

Der Traditionsvorsprung von Baseball, American Football und Basketball ist immens – aber nicht uneinholbar. Die Unterzeichnung des TV-Vertrags für die WM war ein wichtiger Schritt. In den USA steht und fällt mehr als irgendwo sonst auf der Welt alles mit dem Fernsehen. TV-Gigant ABC und sein Kabelsender ESPN erwarben die US-Rechte für elf Millionen Dollar, obwohl ABC-Chefreporter Jim McKay vor Italien noch gespottet hatte, jedes Profi-Kegel-Turnier der Frauen bringe eine 300 Prozent höhere Einschaltquote als das WM-Finale. Inzwischen zeigt ESPN sogar schon einmal die Woche 30 Minuten lang Bundesliga-Fußball, mit Dortmund als ehemaligem DDR-Team und dem Schweizer Otto Rehhagel als Ex-Bundestrainer, aber Geschichte und Geographie waren noch nie US-Stärken. Uganda liegt in Schweden, Belgien ist die Hauptstadt von Amsterdam und die Römer hätten sich nicht in den Ersten Weltkrieg einmischen sollen – viel lieber machen die Amerikaner Geschichte.

Erstmals in der WM-Geschichte wird in der Halle gespielt. Die FIFA, in der Vergangenheit oft als konservativ und schwerfällig verschrien, gab überzeugt dem phantastischen Silverdome in Pontiac in der Nähe Detroits den Zuschlag als Austragungsort. »Es gibt in der Welt viele Krankenhäuser, die nicht so sauber sind wie der Silverdome«, sagte FIFA-Präsident Joao Havelange nach der Inspektion aller neun WM-Stätten. Der Silverdome ist die Einzigartigkeit, die die Supermacht der WM aufdrücken wollten, der eigene Stempel als Demonstration eigener Stärke, technischer Überlegenheit und Zukunftsvision. Dazu ein bißchen Hollywood, ein bißchen Disneyland, überall natürlich Diet-Coke, und fertig ist die Fußball-Party amerikanischer Art. Der Rest der Welt ist natürlich herzlich eingeladen. »Die Schauermärchen, die ständig über uns erzählt werden, sind reine Erfindungen«, so Rechtsanwalt Rothenberg, »die Sticheleien gehen mir langsam auf die Nerven. Jedes Land hat eine faire Chance verdient, auch wir«. Tatsächlich hat sich in den vergangenen Jah-

Erstmals in der Geschichte der Weltmeisterschaft wird in den USA 1994 Fußball in der Halle gespielt werden, und zwar im »Silverdome« (Fassungsvermögen 72 794) in Pontiac, Michigan nahe der Automobilmetropole Detroit (Bild ganz oben). FIFA-Präsident Joao Havelange möchte aus dieser Amerika-gerechten Ausnahme am liebsten schon die künftige Regel machen: »Der Silverdome ist die Zukunft unseres Sports. Pontiac zeigt den Weg.« Den Weg der bisherigen Fußballmuffel-Nation USA in die Geheimnisse der Fußballregeln und zu den Antrieben wahrer Fußball-Begeisterung weisen im Bild oben die Figuren aus der Märchenwelt Walt Disneys.

ren vieles gebessert. Noch Ende der 80er Jahre gab der damalige Nationalcoach Lothar Osiander seine Trainertätigkeit auf, weil er als Chefkellner eines italienischen Restaurants in San Francisco mehr verdienen konnte. Der jugoslawische »Wunderheiler« (Boston Globe) Bora Milutinovic hat mittlerweile dafür gesorgt, daß die Nationalmannschaft aus Legionären und Halbamerikanern sogar sportlich ernstgenommen wird.

Die WM wird ein Riesenerfolg werden, ein unvergeßliches Erlebnis wie die Olympischen Spiele 1984 in Los Angeles. Angefangen von der einmaligen WM-Gruppenauslosung im Dezember 1993 im Glitzerparadies Las Vegas bis zu den amerikanischen Fans, die Brezeln mit Senf oder Hot Dogs mit Sauerkraut essen und wie beim Baseball mit Nußschalen um sich werfen werden. Die Funktionäre des Organisations-Komitees sind Vollprofis, und die patriotischen Amerikaner werden nicht zulassen, daß dieses Weltereignis im eigenen Land zu einer Pleite wird.

Nicht umsonst haben sie auch Franz Beckenbauer, einen Kenner des US-Fußballs, als Berater verpflichtet.

Sven Busch, Los Angeles

Oben: Der Eingang ins »Rose-Bowl«-Stadion in Pasadena bei Los Angeles (Kalifornien), der mit einem Fassungsvermögen von 102 083 Plätzen größten unter den neun Austragungsstätten der XV. Fußball-Weltmeisterschaft. Das Eröffnungsspiel wird zum einen traditionell der Weltmeister, also Deutschland, bestreiten. Das Versprechen des Bundestrainers: »Es wird schwer, aber wir werden alles tun, um den Weltpokal wieder mit nach Deutschland zu bringen.«

Österreichs Lachnummer in Landskrona

Österreichs Hoffnungsträger Happel.

Österreich fehlt in Schweden. Keine Ausnahme, vielmehr Tradition: Noch nie hat Rotweißrot die EM-Endrunde erreicht. Aber noch nie hat sich Österreichs Fußball so blamiert wie diesmal in der Ausscheidung. Unsterblich, könnte man sagen. Auf jeden Fall bis auf die Knochen. Das Scheitern wird vom schlimmsten Schandfleck markiert, den es je gegeben hat. Ein Wort genügt, um jedem österreichischen Fußballfan die Zornes- und Schamesröte ins Gesicht zu treiben. Ein Wort, eine Stadt, eine Schande: Landskrona. Hier, in Südschweden, erlebten Rotweißrot und Teamchef Josef Hickersberger, Monate davor noch umjubelt, zum Auftakt der EM-Vorrunde die ärgste Demütigung aller Fußballzeiten. Hier, in Südschweden, wurden sie von völlig unerfahrenen Insulanern zum Gespött Europas, nein: der Welt, gemacht. Hier, in Südschweden, wohin die Amateure der Handballnation Färöer hatten ausweichen müssen, weil es daheim kein Fußballstadion gab dazumals, kam unangebrachter Hochmut vor dem Fall. Der vermeintliche Prügelknabe, der Neuling auf Europas Feldern, verprügelte den WM-Teilnehmer von Italien. Er erteilte ihm eine Lektion an Kampfgeist, Einstellung und schließlich auch noch spielerisch und taktisch. Kein Druckfehlerteufel war es, sondern unumstößliche Tatsache – 0:1, jawohl, 0:1. So unfaßbar, daß es sogar Schlagzeilen jenseits des Kontinents lieferte, in den USA ebenso wie in Fernost. Die gescheiterten WM-Helden degradierten sich am 10. September 1990 selbst zur weltweiten Lachnummer. Zum Weinen.

■ Götterdämmerung aus heiterem Himmel

Eine Götterdämmerung, die bei Flutlicht wie aus heiterem Himmel gekommen war. Wer im nachhinein die Vorschauen durchblättert, wird nicht mehr von Wein-, sondern bisweilen von Lachkrämpfen geschüttelt. »Wir müssen gleich zwei Tore schießen«, hatte Toni Polster, der Spanien-Legionär, gefordert. In einigen Tageszeitungen wurden am Spieltag die bis dahin höchsten Länderspielsiege Österreichs aufgelistet. Landskrona, ein Fall für Rekordbücher? Es ging in die Annalen ein – als ärgster Schuß nach hinten. Als ein Reporter im letzten Pressegespräch die allgemeine Euphorie mit der eher skurril scheinenden Frage störte, was denn wäre, sollte man am Ende womöglich verlieren, brach schallendes Gelächter aus. Zehn WM-erprobte Mannen spielen gegen Amateure von einer Inselgruppe, die die wenigsten orten konnten, obendrein gar gegen einen Tormann, der eine Zipfelmütze trug – was sollte da so ein vermeintlich lächerlicher Einwurf? In 90 Minuten aber verging allen Österreichern das Lachen. Die Schafhirten führten die Vollprofis an der Nase herum. Und genau in der 60. Minute schlug den Österreichern die Stunde der Blamage, die sie endgültig paralysierte, vor den Kopf stieß und ihnen die Beine fesselte. Torkild Nielsen, ein Blondschopf, traf zum goldenen Tor ins Netz. Fast hätte er, weil es bei der Premiere so schön gewesen war, noch einen draufgesetzt. Die Österreicher aber wirkten beim Versuch, die Lähmung abzuschütteln, wie vernagelt. Die Schützenkönige Polster und Rodax, vorher großspurig abgefeiert, gingen kleinlaut am Bettelstab.

Hickersberger nahm den Hut, sagte aber nicht leise Servus, sondern drohte mit Klage. Schließlich hatte Pepi, der Gütige, nach der WM in Italien seinen Vertrag um vier lange Jahre verlängert. Und jetzt waren erst zwei Monate vergangen. So schnell kann es gehen. Erfolge einen, Niederlagen entzweien.

Fußballpräsident und Tabakgeneral Beppo Mauhart, ein Monopolist, der gewohnt ist, Machtworte zu sprechen, zauberte wie ein Taschenspieler im Handumdrehen einen Nachfolger aus dem Ärmel. Alfred Riedl, einst Legionär in Belgien, als solcher auch Schützenkönig, im Trainergeschäft aber noch ohne durchschlagende Erfolge, erst sechs Wochen lang rechte Hand Hickersbergers, sollte zum starken Arm eines Fußballteams werden, das am Abgrund balancierte. Man traute seinen Ohren nicht, erst recht nicht, als Riedl erste Interviews gab: an Eloquenz jedenfalls gegen Hickersberger ein Abstieg, um nicht zu sagen – tiefer Fall. Dem neuen Teamchef fiel es schwer, sich zu artikulieren. Und noch schwerer, sich Respekt zu verschaffen.

Spötter meinten, man passe den Trainer einer Mannschaft an, die sich immer mehr den Fußball-Analphabeten zu nähern begann: Österreich – Jugoslawien 1:4, Österreich – Nordirland 0:0, Österreich – Schweden 0:6

(in der Generalprobe für die Färöer-Revanche). Ein mehr als unschönes Vorspiel zum Schicksalsmatch gegen die Insulaner in Salzburg, denen man grimmige Rache für das ärgste Debakel, das es je gab, geschworen hatte. An dem Tag, als der tödlich verunglückte Skiweltmeister Rudi Nierlich im nahen St. Wolfgang beerdigt wurde, weckte die Angst vor einer neuen Fußballblamage wenigstens soviel Lebensgeist, daß Landskrona mit einem 3:0 halbwegs korrigiert wurde.

Aber Fans und Kritiker sind vergeßlich. Als Österreich in Odense gegen Dänemarks Klasseteam trotz 0:2 über Kampf zum Spiel fand, als dem Debütanten Ernst Ogris, Bruder des damaligen Español-Barcelona-Legionärs, sogar ein spektakuläres Traumtor aus einem Volley-Drehschuß zum 1:2 glückte, wurde bereits die Trendwende bejubelt. Ein Hoffnungsschimmer, der sich in Portugal (1:1 in Porto) im Test fürs Rückspiel gar zum Lichtblick auszuweiten schien. Aber wie gewonnen, so zerronnen. Die Dänen, gewarnt von Odense, auf Konter spezialisiert, degradierten in Wien die Österreicher zu Statisten, mit denen sie umsprangen wie der Vater mit dem Sohne. Nach einem 3:0 binnen einer halben Stunde ließen sie Riedls hilflose Elf nur noch im Kreis laufen. Der Kreislauf schloß sich. Riedl dankte ab, Mauhart stimmte zu. Die EM war längst zum gescheiterten Experiment geworden, obwohl Riedl in zwölf Monaten nicht weniger als 38 Spieler eingesetzt und neun Neulinge ausprobiert hatte. Masse ohne Klasse.

■ Trainerkarussell mit Drehwurm

Wer kam als nächster? Der Assistent, der eben erst vom Assistenten Krankls bei Rapid zur rechten Hand Riedls geworden war – Dietmar Constantini, Fußball-Weltenbummler aus Tirol, weltgewandt, sprachbegabt, medienwirksam und klug genug, sich nicht als Retter der Nation aufzuspielen, sondern als Statthalter eines Interregnums zu bezeichnen. »Ich mach's nur für zwei Spiele«, beteuerte er.

Machen wir es kurz. Der Schwanengesang setzte sich sowohl in Belfast beim 1:2, einem Hauruck-Spiel, als auch beim 0:2 gegen Jugoslawien in Wien fort. Bonjour tristesse, adieu finesse. Landskrona war nur der schockierende Anfang eines Fußball-Martyriums gewesen, in dem summa summarum drei Teamchefs an einer Mannschaft herumdokterten, ohne Besserung zu erzielen. Als Weisheit letzter Schluß blieb nur ein Guru. Erst mußte Österreichs Fußball in den letzten Zügen liegen, um den angehimmelten Wunderheiler als erste Hilfe und letzte Rettung zu bekommen. Der Not gehorchend und dem Wunsch des Präsidenten folgend übernahm Ernst Happel, was vom gerupften Fußballadler geblieben war. Unter ihm soll er sich wieder aufplustern. Und Krallen zeigen. Daß aus der Lachnummer von Landskrona wieder ein ernstzunehmender Gegner für die Fußball-Weltelite erwächst, ist spätestens geboten, wenn es darum geht, um die Fahrkarte zu der Fußball-Weltmeisterschaft 1994 in den Vereinigten Staaten zu kämpfen.

Josef Metzger, Wien

Zum Auftakt der EM-Vorrunde besiegten die vermeintlichen Opferlämmer von den Färöer-Inseln (deutsch: Schafs-Inseln), knapp 50 000 Einwohner und doppelt so klein wie Vorarlberg, Österreich 1:0. Oben: Der zipfelmützige Färöer-Torwart Knudsen.

Nach dem Färöer-Debakel im September '90 nahm Nationaltrainer Josef Hickersberger (ganz oben) seinen Hut. Schon ein Jahr später sagte sein Nachfolger Alfred Riedl (oben) beim Abschied leise Servus – unter seiner Ägide hatten die Österreicher die EM-Qualifikation nach dem Motto »Bonjour tristesse, adieu finesse« endgültig verspielt.

Schweiz noch nie so nahe dran

Uli Stielike, Trainer von 1989–1991.

Bis 1966 war die Schweizer Fußball-Nationalmannschaft für jede Weltmeisterschafts-Endrunde qualifiziert. Nur einmal, 1958, war sie nicht dabei. Aber in dem Vierteljahrhundert, das folgte, in je sechs EM- und WM-Qualifikationen, blieb sie mit elf verschiedenen, meist vorzeitig entlassenen Nationaltrainern immer auf der Strecke.

Doch in der Qualifikation zur Europameisterschaft '92 schien sich das plötzlich zu ändern. In der Gruppe mit Schottland, Rumänien, Bulgarien und San Marino lagen die Schweizer vor dem letzten Durchgang, also nach sieben Spielen, mit zehn Punkten und der klar besseren Tordifferenz (+13) vor Schottland (9 Punkte, +3) immer noch an der Spitze. Am 13. November 1991 spielte die Schweiz in Bukarest gegen Rumänien. Gleichzeitig fand auch, bei früherem Spielbeginn, das Spiel Schottland–San Marino statt. Bei dieser idealen Ausgangslage hätte der Schweiz ein Unentschieden genügt. Doch ein ärgerliches, nicht unhaltbares Tor 18 Minuten vor Schluß brachte den Rumänen in einem hektischen Match den Sieg. Die Schweizer, zuletzt mit Maus und Mann anstürmend, verpaßten in der Nachspielzeit eine Riesenchance, die den Weg nach Schweden geöffnet hätte.

Es war im zehnten Spiel des Jahres 1991 die erste Niederlage der Schweizer Mannschaft überhaupt. Sie hatte mit ihren konstanten Leistungen und mit Siegen über sechs Endrundenteilnehmer von Italia '90 schon etwas Aufsehen erregt. Die französische Fußballfachzeitung »Franco Football« nannte die Schweizer, auf die Glanzzeiten Dänemarks in den 80er Jahren anspielend, wegen ihrer frischen, unbekümmerten und aggressiven Spielweise »die Dänen der Neunziger«.

■ »Ehren-Eidgenosse« Uli Stielike

Uli Stielike, der ehemalige deutsche Nationalspieler, war der Mann, der diese Wende einleitete. Im Juni 1989 hatte man ihn zum Nationaltrainer berufen. Als Trainer war er ein völlig unbeschriebenes Blatt, ohne jede Erfahrung, sogar ohne Trainerschein.

Aber er hatte von Haus aus drei Vorteile: Er kannte, seit drei Jahren Spieler bei Xamax Neuenburg, den Schweizer Fußball und seine Spieler, er wußte aus seiner internationalen Tätigkeit als Spieler über den europäischen Fußball Bescheid und er sprach auch, da er ja in der Westschweiz wohnte, recht gut Französisch.

Unter diesen günstigen Voraussetzungen baute er nach einer nicht so leichten Anfangsphase, in der er die Eignung aller denkbaren Spieler prüfte, eine weitgehend neue Mannschaft auf. Sie war jung, im Durchschnitt nur 25 Jahre alt, und sie trug unmißverständlich die Handschrift des Deutschen.

Stielike zog also weitgehend eine neue, noch unverbrauchte und erfolgshungrige Spielergeneration nach. Er war ein Chef, der viel verlangte, der keine Konzessionen machte, der immer ungeniert sagte, was er dachte, und der sich, wenn er es für nötig fand, auch nicht davor scheute, seine Spieler zu kritisieren. Sie, sonst so dünnhäutig, akzeptierten das.

Stielike erzog die Spieler zum Leistungsdenken, zu professionellem Handeln, wie er es vorlebte. Und so gelang ihm wohl das Entscheidende: Er trieb ihnen die notorischen helvetischen Minderwertigkeitskomplexe aus, beseitigte Hemmungen, Ängste und Selbstzweifel und verstand es trotz aller Disziplin, die Freiheit der Spieler auf dem Felde zu organisieren. Erfolge, die bald nicht ausblieben, machten die Spieler selbstbewußt. Sie erkannten, daß sie jetzt sogar gegen scheinbar stärkere Gegner durchaus ihre Chance hatten, wenn sie nur daran glaubten.

Ein neues Denken kehrte ein. Auf den Hinweis der jahrzehntelangen Erfolglosigkeit in internationalen Wettbewerben reagierten die Spieler plötzlich anders, locker und unbekümmert. »Statistiken aus früheren Zeiten«, betonten sie immer wieder, »interessieren uns nicht. Hört doch endlich damit auf! Heute ist heute und früher war früher«.

■ Nächstes Ziel der Eidgenossen: die Fahrkarte nach Amerika

Uli Stielike, der logischerweise im taktischen Bereich auch erst seine Erfahrungen sammeln mußte, hatte allerdings auch das Glück, daß die Schweiz mit Chapuisat und Türkyilmaz, die in Deutschland und Italien ihr Brot verdienen, zu gleicher Zeit über die besten Stürmer seit einem guten Jahrzehnt verfügte; und daß sich das Mittelfeld mit dem Rekord-Internationalen Heinz Hermann (117 Länderspiele) und anderen technisch guten Spielern auch international durchaus sehen lassen durfte und daß die Verteidigung mehrheitlich im gleichen Klub spielte.

Die Mannschaft, die Stielike aufbaute, hat die Zukunft vor sich (und manchmal, mangels einer gewissen Erfahrung, natürlich auch noch gegen sich). So stand der Schweizer Fußball nach dem neuerlichen Scheitern einer Qualifikation doch vor einer neuen Situation: Das Team war nicht überaltert, es ließ sich mit ihm weitermachen. Die »Neue Zürcher Zeitung« linderte den Schmerz der fußballbegeisterten Eidgenossen: »Die Schweiz hat die EM verloren, aber nicht die Zukunft.«

Aber im Herbst '91 trat Stielike zurück. Er fühlte sich als Nationalcoach zuwenig gefordert, er wollte unbedingt einen Klub übernehmen, um täglich mit den Spielern arbeiten zu können. So wurde er Trainer von Xamax. Er hatte gehofft, zusätzlich die Nationalmannschaft weiterführen zu können. Aber der Verband wollte ihm diese Doppelfunktion nicht übertragen. Vorher hatte man mit einem neuen, lukrativen Vertrag versucht, Stielike als Nationalcoach zu behalten. Leider ohne Erfolg. Auf seinen Nachfolger Roy Hodgson wartet nun die reizvolle Aufgabe, das unverbrauchte Team der Eidgenossen durch die Qualifikation für die Fußball-WM 1994 zu führen.

Walter Lutz, Zürich

In der EM-Qualifikationsgruppe 2 sah es lange Zeit so aus, als würden sich die Schweizer die Fahrkarte nach Schweden erkämpfen. Hervorragenden Anteil am Siegeslauf der Eidgenossen hatte Stephane Chapuisat von Borussia Dortmund (oben). Links: Schweizer Jubel (obenauf Türkyilmaz) nach der 2:0-Führung über die Schotten am 12. September '91 in Bern.

Im letzten Spiel der Schweizer (links: Alain Sutter) am 13. November '91 in Bukarest verflogen die Träume von der EM-Endrunde, als den Rumänen (oben: Gerangel um Radicioui) in der 72. Minute das 1:0 gelang. Ein Unentschieden hätte Stielike und den Seinen zur Qualifikation genügt – so war Schottland der lachende Dritte.

DÄNEMARK

Ende Mai haben sich die Dänen unbeliebt gemacht auf dem alten Kontinent und per Volksabstimmung frech die europäische Einheit abgelehnt. Und ausgerechnet die sollten jetzt plötzlich doch noch mitmachen dürfen bei einer Europameisterschaft, für die sie sich gar nicht qualifiziert hatten? Rest-Jugoslawien war in der Gruppe 4 einen Punkt besser, doch dort herrschte seit Monaten blutiger Bürgerkrieg, weshalb sich die UEFA den Sanktionen der UNO anschloß und Dänemark einlud. Eine unverhoffte Rückkehr auf die internationale Bühne, wo die Skandinavier wieder ins Abseits geraten waren. Bei der EM 1988 kläglich ausgeschieden, bei der WM 1990 gar nicht erst dabei – ein herber Rückschlag, nachdem der vormalige Nationaltrainer Sepp Piontek das kleine Land aus der Versenkung geholt hatte: 1984 in Frankreich EM-Halbfinalist, 1986 in Mexiko begeisternder Sieger in der deutschen Vorrundengruppe. Aus dem einstmals bedeutungslosen Gründungsmitglied des Weltverbandes FIFA war unter dem Deutschen Piontek ein Gigant geworden, obwohl die heimische Liga den Landesbesten kein Forum bieten konnte. Lerby, Elkjaer-Larsen, Michael Laudrup, Olsen – die Großen kickten für viel Geld im Ausland. Daran hat sich auch unter Pionteks Nachfolger Möller-Nielsen nicht viel geändert, doch die Stars von früher sind größtenteils in Pension gegangen. Neue kamen nach: Brian Laudrup vom FC Bayern, Dortmunds Povlsen, Frank von Lyngby BK. Aber genügte das für eine Generation wie die von Piontek? Der späte Ruf ins Nachbarland Schweden bot eine überraschende Chance, auch für die Fans. Denn die hatten ihre gefürchteten Schlachtgesänge »We are red, we are white, we are danish dynamite« mit den Jahren nicht verlernt.

Fläche: 43 092 km^2
Einwohner: 5,1 Millionen
Hauptstadt: Kopenhagen
Regierungsform:
Konstitutionelle Monarchie

DEUTSCHLAND

Franz Beckenbauer hat sich nicht verabschiedet aus seinem Amt als Teamchef der deutschen Fußballauswahl, ohne seinem Nachfolger eine mächtige Hypothek zu hinterlassen. Nicht genug, daß er in Italien Weltmeister geworden war: Nein, nach der Wiedervereinigung, sprach Beckenbauer im Rausch des Triumphes, werde man auf Jahre hinaus nicht zu schlagen sein. Das saß, daran hatte Hans-Hubert Vogts zu knabbern. Der Schatten des Grandseigneurs war schon lang genug für den kleinen Berti, und jetzt auch noch das. Konnte Vogts da nicht nur noch verlieren? Doch Deutschland war größer geworden, die politischen Veränderungen brachten auch fußballerischen Zuwachs. Gut, einer wie Libero Augenthaler trat nach der WM zurück, Littbarski und Berthold schienen nicht mehr tauglich. Dafür kamen aus der Ex-DDR so hochkarätige Verstärkungen wie Sammer, Thom, Doll und Kirsten, die sich teils nur kurz in der Bundesliga aufhielten, um sodann für üppigere Entlohnung in Italien zu schwitzen. Womit nahezu die gesamte DFB-Auswahl jenseits des Brenners beschäftigt war. Einzig Buchwald widerstand vorerst dem Lockruf des Geldes – und Reuter kehrte wie zuvor Berthold zur allgemeinen Überraschung in die Heimat zurück. Eine unverhoffte Trendwende? Die Bundesliga boomte, so viele Zuschauer wie nie zuvor verfolgten die Saison 1991/92 mit Dynamo Dresden und Hansa Rostock, erst in buchstäblich letzter Minute setzte sich der VfB Stuttgart gegen Dortmund und Frankfurt durch. Die EM-Qualifikation wurde letztlich bravourös geschafft, doch plötzlich erreichte Vogts eine schlimme Nachricht: Mannschaftskapitän Matthäus fiel verletzt aus. Eine große Mannschaft auch ohne ihn? »Große Mannschaften«, sagte Vogts, »holen Titel.«

Fläche: 356 945 km^2
Einwohner: 79,7 Millionen
Hauptstadt: Berlin
Regierungsform:
Parlamentarische Demokratie

ENGLAND

Die Engländer haben den Fußball erfunden, soviel steht fest – den Rest halten sie im Grunde bis heute für Plagiat. Nur gewonnen haben die Söhne Albions seit dem WM-Sieg 1966 nichts mehr, sondern als Nationalmannschaft vorwiegend gekickt, wie es zu ihrem Image paßt: stur und antiquiert. Den vollmundigen Erklärungen folgten regelmäßig bescheidene Ergebnisse, gefürchtet wurden hauptsächlich die englischen Fans. Der Höhepunkt war erreicht, als 1985 bei gewalttätigen Ausschreitungen in Brüssel 39 Menschen ums Leben kamen. Die »Hooligans« wurden zum Inbegriff des Schreckens. Gelöst ist das Problem noch lange nicht, doch allmählich geriet die Insel auch sportlich wieder ins Blickfeld. Die Vereinsmannschaften sind nach fünfjähriger UEFA-Sperre wieder zugelassen, seit vergangenem Jahr auch der FC Liverpool. Manchester United gewann bei der Rückkehr sogleich den Europacup. Und als Englands Auswahl 1990 in Italien erst im Halbfinale nach Elfmeterschießen am späteren Weltmeister Deutschland scheiterte, da schien die Renaissance beschlossen. Teamchef Graham Taylor, Nachfolger von Bobby Robson, verlor in der Folge bis zur EM nur einmal (gegen Deutschland), obwohl die Hälfte der früheren Stars fehlte. Die Hoffnungen ruhten zwar einmal mehr auf Torjäger Lineker, doch Torwartidol Shilton, Teamkapitän Robson und Vorstopper Butcher fehlten, Außenstürmer Waddle war beleidigt, Barnes wie Superstar Gascoigne verletzt. Taylor focht das alles nicht an. Er wollte weg vom phantasielosen Kick-and-Rush, hin zur modernen Spielkultur, und erklärte vollmundig: »Wir gaben der Welt einst den Fußball, jetzt wollen wir den Ball zurück.«

Fläche: 130 439 km^2
Einwohner: 47,7 Millionen
Hauptstadt: London
Regierungsform:
Parlamentarische Monarchie

FRANKREICH

Das war ein Fest, 1984 daheim im schönen Frankreich. Endlich hatte die »Equipe tricolore« der vormals übermächtigen Konkurrenz gezeigt, wo's langgeht, und die Richtung gab der Mannschaftskapitän vor: Michel Platini, 1983 bis 1985 Europas Fußballer des Jahres. Er machte das Spiel, schoß vor allem aber neun der vierzehn Tore und sein Ensemble damit zum kontinentalen Titel. Vive la France, eine Nation war am Ziel. Und vier Jahre später? Wieder einmal die Endrunde verpaßt, es drohte der Rückfall in schlimme Zeiten. Als 1988 nichts mehr ging, da kam Platini zurück als Teamchef wie Beckenbauer in Deutschland. Die WM-Qualifikation für Italien konnte auch er den Franzosen nicht mehr retten, zur EM aber dirigierte der Ballkünstler seine Mannschaft, daß den Gegnern Hören und Sehen verging. Acht Spiele, acht Siege – 16:0 Punkte, das gab's noch nie. Dabei geholfen haben ihm ein paar Kameraden von früher: Außenverteidiger Amoros (30), inzwischen Rekordnationalspieler, Mittelfeldmann Fernandez (32), Cantona (26) und vor allem Mittelstürmer Jean-Pierre Papin (28), 1986 Neuling im WM-Aufgebot. Der war mittlerweile zum Superstar geworden, bei Olympique Marseille viermal in Folge Torschützenkönig, 1991 Europas Fußballer des Jahres und schließlich vom AC Mailand verpflichtet. Der vormals empfindliche Papin hatte sich durchgesetzt, obwohl auch in der heimischen Liga zwischenzeitlich der Kaufrausch grassierte. Mit dessen Treffern wollte Platini Frankreich wieder an die Spitze führen. »Ich habe dem Fußball sehr viel zu verdanken«, sagte Platini. »Das möchte ich ihm ein wenig zurückgeben, wenn er glaubt, daß ich ihm helfen kann.« Frankreich hoffte es.

Fläche: 551 700 km^2
Einwohner: 55,6 Millionen
Hauptstadt: Paris
Regierungsform:
Parlamentarische Demokratie

GUS

GUS

Gemeinschaft Unabhängiger Staaten: Drei Wörter für einen Teilnehmer ohne Flagge und Nationalhymne. Der Sturm der politischen Veränderungen hat das sowjetische Riesenreich auseinandergerissen und mit ihm alle Bereiche des Lebens. Nichts ist mehr, wie es früher war. Wenn der neue Anführer Boris Jelzin sagt, »wir leben in schwierigen Tagen«, so gilt dies auch für den Sport, aber der ist vergleichsweise unwichtig. Die Menschen in der vormaligen UdSSR haben andere Sorgen, Millionen darben am Existenzminimum. Von der Selbstbestimmung gleichwohl kann sich auch Anatoli Byschowetz, Trainer der Fußball-Auswahl, wenig kaufen: Sein Vorgänger Valeri Lobanowski durfte sich über die neuen Freiheiten noch freuen, formte ein Ensemble von Weltklasse. Byschowetz hingegen hat Probleme, seine Besten zu erwischen. Über 60 Spieler nützen die einstmals undenkbaren Möglichkeiten, verstreut in aller Herren Länder: Michailitschenko und Kusnetzow in Glasgow, Aleinikow in Lecce, Dobrowolski in Genf, Ljuty in Duisburg. Und die Daheimgebliebenen im Kader spielen allesamt in Moskau, zu den Wunschkandidaten aus Kiew oder Dnjepropetrowsk hatte Byschowetz keinen Zugriff mehr. Die drei unabhängigen Baltenrepubliken Lettland, Estland und Litauen bestreiten bereits mit eigenen Teams die WM-Qualifikation, die Teilnahmeberechtigung des EM-Zweiten von 1988 war lange ungeklärt, ehe sich FIFA und UEFA schließlich einigten, die GUS bis Anfang Juli 1992 als Rechtsnachfolger der UdSSR anzuerkennen. Doch künftig werden wohl auch die Russen ihre eigene Mannschaft haben. »Was nach der EM aus unserer Elf wird«, sagte Byschowetz, »das weiß keiner.«

Fläche: 22 029 000 km²
Einwohner: 273 Millionen
Hauptstadt: Moskau (de facto)
Regierungsform:
Konföderative Demokratie
(im Aufbau)

NIEDERLANDE

Plötzlich war der General wieder da. 1974 in München WM-Zweiter, 1988 an selber Stelle Europameister: Die Höhepunkte von Fußball-Holland sind untrennbar verbunden mit Rinus Michels, und nach dem Scheitern von Leo Beenhakker in Italien hat der einstige Schullehrer ein weiteres Mal das Kommando übernommen. Wer sonst sollte die Stars zur Räson bringen, wenn nicht der gestrenge Michels, inzwischen 64 Jahre alt? Sein Engagement gab dem königlichen Verband und seinen orange gekleideten Fans Hoffnung, den wertvollen Titel verteidigen zu können – auch wenn Erzrivale Deutschland zugelost worden war. Die Siegertypen von 1988 sind Michels mehrheitlich erhalten geblieben, über 30 Jahre alt waren von den Auserwählten zwischenzeitlich einzig Torwart van Breukelen (35) sowie die Defensivkräfte van Tiggelen und Wouters vom FC Bayern. Ein paar jüngere Talente rückten nach, allen voran Dennis Bergkamp (23) von Ajax Amsterdam, den halb Europa jagt. Und das niederländische Weltklasse-Quartett hatte eine erfolgreiche Saison hinter sich: Ruud Gullit, gerade von seiner dritten schweren Knieoperation genesen, wurde mit seinen Landsleuten Frank Rijkaard und Marco van Basten beim AC Mailand überlegen Italienischer Meister und van Basten Torschützenkönig dazu; Ronald Koeman gewann beim FC Barcelona die spanische Meisterschaft und den Europapokal der Landesmeister. Dort schien auch schon der Nachfolger für Rinus Michels in Sicht: Johan Cruyff, einst »König« genannt, und nicht viel weniger autoritär als der General.

Fläche: 41 473 km²
Einwohner: 15 Millionen
Hauptstadt: Amsterdam
Regierungsform:
Konstitutionelle Monarchie

SCHOTTLAND

Die Menschen vom Norden der Insel sind traditionsbewußte Leute und singen gerne alte Lieder, nach Siegen erzählt der Dudelsack bevorzugt von der erfolgreichen Schlacht bei Bannockburn aus dem Jahre 1314. Ähnlich antiquiert ist der Stil der schottischen Fußball-Nationalmannschaft, und deshalb hatten die Fans zu glorreichem Musizieren nur selten Anlaß. Bei sieben WM-Turnieren hat ihr Team mitgemacht, allerdings jedesmal nach Runde eins die Rückreise angetreten, was am Heimweh allein nicht lag. Gekickt wird mit viel Herz, aber wenig Kopf, und wenn der Teammanager Andy Roxburgh erklärt, »der Schotte pflegt den Kampf, der Deutsche hat Disziplin, der Italiener seine Leidenschaft«, so sah sein Land in diesem Vergleich meist schlecht aus. Die Härte der rauhen Männer ist gefürchtet, ihre Spielkunst weniger. Zumal so begabte Könner wie Dalglish und Souness längst aufgehört haben, Strachan verletzt war. Und dann, oh boy, wurden ihnen für die Endrunde auch noch der Weltmeister und die Finalisten der letzten EM zugelost. Roxburgh blieb nichts anderes übrig, als auf seine Abwehrrecken Gough oder Malpas, die Mittelfeldstreiter McStay oder McAllister, die Stürmer McCoist oder McClair zu vertrauen – vor allem aber auf den bedingungslosen Einsatz des Kollektivs. Rangers gegen Celtic? Der immerwährende Gegensatz von Katholiken und Protestanten ist bei nationalen Aufgaben kein Thema, gegen die großen Rivalen halten die Kleinen zusammen. »Nichts ist schöner, als die Riesen zu stürzen«, sagt Roxburgh. Und wenn nicht, ist's auch nicht so schlimm. Für Niederlagen haben sie auch eine bewährte Melodie, und der Whisky bleibt ihnen immer.

Fläche: 77 080 km²
Einwohner: 5,1 Millionen
Hauptstadt: Edinburgh
Regierungsform:
Parlamentarische Monarchie

SCHWEDEN

Sommernächte sind lang in Schweden, im restlichen Jahr aber werden die Tage im Norden kurz, und die Freiluftsaison ist es ebenfalls. Dann sucht man sich andere Sportarten als Fußball, Eishockey zum Beispiel, das beherrschen sie dort weltmeisterlich. Früher, erinnert sich Lars Arnesson, Technischer Direktor des Svenska Fotbollförbundet, waren die Konkurrenten aus dem Süden auch nicht so fleißig, »da konnten wir das Manko der langen Dunkelheit ausgleichen. Das geht heute nicht mehr«. Die Zeiten, als Schwedens Auswahl große Erfolge feierte, sind lange her: 1950 WM-Dritter, 1958 im eigenen Land Zweiter hinter dem Brasilien des jungen Pelé. Danach kam nicht mehr viel. Für Italien hatten sich die Skandinavier zwar endlich mal wieder qualifiziert, ungeschlagen überdies, doch aus der Endrunde verabschiedeten sie sich mit drei Niederlagen. Worauf Olle Nordin abtreten mußte und Tommy Svensson nachfolgte. Die Rolle des Turnierveranstalters bot erstmals Gelegenheit, bei einer Europameisterschaft mitzumachen und das nationale Interesse wiederzuerwecken – beides wollte Svensson nützen, allen Widrigkeiten zum Trotz. Professionelle Bedingungen finden sich daheim allenfalls in Malmö oder Göteborg, weshalb die Besten fast geschlossen im Ausland kicken: Ingesson in Mechelen, Schwarz und Thern in Lissabon, Limpar in London, Brolin in Parma, Dahlin bei Mönchengladbach. Svensson war einst sieben Jahre in Lüttich tätig, jetzt muß er seine Auserwählten mühsam aus allen Ecken zusammensuchen und beneidet den Kollegen Vogts: »Der braucht nur nach Italien zu fliegen.«

Fläche: 449 964 km²
Einwohner: 8,6 Millionen
Hauptstadt: Stockholm
Regierungsform:
Parlamentarische Monarchie

Deutschlands Weg nach Schweden

Gruppenauslosung am 17. 1. '92 in Göteborg.

Das Spielfeld im Stadion Van den Stock zu Brüssel sah am späten Abend des 20. November 1991 aus wie frisch gepflügt, als die deutschen Fußballer, gleichermaßen naß von Schweiß und Regen, sich erschöpft, aber glücklich in den Armen lagen. Die Belgier waren 1:0 geschlagen, frei der Weg zur Europameisterschaft nach Schweden, wenngleich der vorsichtige Bundestrainer Hans-Hubert Vogts mahnte: »Wir haben die Fahrkarte, müssen sie aber gegen Luxemburg noch einlösen.«

15,43 Millionen Landsleute in rund 40 Prozent aller deutschen Haushalte hatten die DFB-Kicker bei ihrem Kampf im strömenden Regen auf teilweise schlammigem Terrain via Fernsehen beobachtet. Diese rege Anteilnahme der Lieben daheim nahm Vogts zum Anlaß, in einem kleinen Rückblick auf den Stolperer gegen Luxemburg (3:2) zum Auftakt der Qualifikationsrunde hinzuweisen und auf den Reinfall gegen die Waliser (0:1) in Cardiff, um allen noch einmal vor Augen zu führen, wie nahe seine Mannschaft am gähnenden Abgrund entlangbalanciert war. Unter Hinweis auf die gescheiterten Italiener, die nach einer Niederlage gegen die Norweger (1:2) und Unentschieden gegen die UdSSR (0:0, 0:0), Ungarn (1:1) und Norwegen (1:1) dem Team aus der jetzigen GUS den Vortritt hatten lassen müssen, versicherte der Bundestrainer: »Vielen war doch gar nicht richtig bewußt, was es bedeutet hätte, wenn wir es nicht geschafft hätten. Das böse Erwachen wäre doch erst gekommen, wenn die deutsche Fußball-Fernsehgemeinde im Juni Russen, Schotten, Walisern oder Belgiern beim Europameisterschaftsspielen hätte zuschauen müssen, ganz ohne Herzklopfen und Hurra-Geschrei.«

Davor bewahrte sie wieder einmal Rudi Völler. Ecke kurz gespielt, Flanke Doll, Riedle per Kopfball zu Völler, der traf in Brüssel in der 16. Spielminute zum entscheidenden 1:0. Die Führung verteidigte das deutsche Team dermaßen entschlossen, daß der Stuttgarter Abwehrrecke Buchwald nachher keinen Widerspruch hörte bei seiner Beteuerung, es sei »einfach so, daß wir ein verschworener Haufen sind, daß wir kameradschaftlich zueinander stehen«. Die von Buchwald beschworene Elf-Freunde-Mentalität interpretierte der Lire-Milliardär Reuter von Juventus Turin so, daß nicht unbedingt lauter Busenfreunde miteinander kicken müßten, »aber elf, die sich akzeptieren, die irgendwo das gleiche Ziel haben«. Was sich dann erfolgsträchtig so auswirke: »Wenn man sieht, wie die Offensivspieler total diszipliniert spielen und hinten mitfighten, dann ist das total super, weil

Niedersachsen-Stadion Hannover, 1. Mai 1991: Völler, Doll, Klinsmann und Matthäus (von links) bejubeln das 1:0 gegen Belgien in der 3. Spielminute. Völler, der sich in dieser Szene noch als Torschütze feiern läßt, hatte allerdings bloß der Sicherheit halber (»doppelt gestrickt hält besser«) einen Matthäus-Schuß, der trotz Abwehr durch den belgischen Torwart Preud'homme knapp hinter der Torlinie gelandet war, im Nachsetzen noch einmal ins Netz befördert. Ausgerechnet diese beiden deutschen Aktivposten sollten für Schweden verletzungsbedingt ausfallen – Matthäus schon im Vorfeld der EM, Völler nach seinem Armbruch im 1. Endrundenspiel gegen die GUS.

auf so einem Boden kommt's halt schon mal vor, daß man ausrutscht oder mit dem Antritt Probleme hat.« Wohltun trägt Zinsen. Wenn etwa der Stürmer Riedle nicht nur Völler den Ball zum Torschuß serviert, sondern auch vor dem eigenen Tor seine Kopfballstärke beweist und nahe der Mittellinie so couragiert attackiert, daß ihm der Schiedsrichter mahnend die Gelbe Karte zeigen muß, dann darf er im Zweifelsfall selbstlose Rückvergütung unter Freunden erwarten. Selbst der Frankfurter Möller, eher ein Schönwetterspieler, der sein Trikot selten beschmutzt, tat sich als Grätscher hervor ohne Rücksicht darauf, daß ihn der Bundestrainer lieber kreativ am Werk sieht denn als Malocher.

■ Vogts: »Ihr gewinnt, wenn ihr bloß wollt.«

Was denen Vogts wohl geflüstert hat, daß sie nicht wie Konkurrenten miteinander umgegangen sind, oder bestenfalls kühlsachlich im Stil erfolgreicher junger Unterhehmer? Gar nichts, behauptete Reuter, er habe allenfalls angemahnt, »daß das tolle Spiel in Nürnberg gegen Wales überhaupt nichts bringt, wenn's gegen Belgien in die Hose geht«, und Zuversicht verbreitet: »Ihr gewinnt, wenn ihr bloß wollt. Mit dieser Einstellung gibt es nur einen Sieger.«
Vier Wochen später war Bescherung in Leverkusen, kurz vor Heiligabend. Im ausverkauften Stadion schossen Matthäus per Foulelfmeter, Buchwald mit seinem ersten Treffer im 47. Länderspiel, Riedle und Häßler die Tore zum 4:0-Sieg über Luxemburg. Ein rauschender Fußballabend ist es nicht

gewesen, »dazu gehören immer zwei Mannschaften«, nörgelte Vogts über die defensive Spielweise des Gegners, dem in der zweiten Halbzeit die Luft ausging. Schließlich aber herrschte doch allgemeine Zufriedenheit. Vogts: »In dieser schweren Qualifikationsgruppe sind wir durchgestartet, in Schweden müssen wir erst einmal geschlagen werden.« Doll: »Wie schön, daß wir jetzt in Schweden sind.« Teamkapitän Matthäus: »Unser Ziel ist jetzt erreicht.« Ihm hat es nichts genützt, er verletzte sich schwer und war bei der EM nur Zuschauer.

■ Kopfloses Spiel in Luxemburg

Reichlich ein Jahr zuvor hatte Matthäus etwas ganz anderes von sich gegeben, wie vor den Kopf geschlagen angesichts der Unfähigkeit der deutschen Mannschaft, sich die Luxemburger vom Leib zu halten: »Wenn wir so spielen, dann haben wir keine Chance auf den ersten Platz und die Qualifikation für die Europameisterschaft.« Was war passiert? Klinsmann, Bein, Völler – 3:0 nach 49 Minuten, »da haben wir gedacht, der Gegner ist angeschlagen, das ist gelaufen, jetzt machen wir es mit links«. Von da an ging's bergab. Girres erzielte das 1:3 (57.), der bei OGC Nizza beschäftigte Langers traf zum 2:3 (65.), ohne daß sein Bewacher Kohler das Bein oder Torhüter Illgner eine Hand gerührt hätten. Reumütige Eingeständnisse kamen zu spät. Kohler: »Zeitweise war ich zu weit weg von ihm. Beim Tor, das muß ich schon sagen, den muß ich kriegen, den Ball.« Illgner: »So einen muß ein Torwart schon mal halten.«

Ein »Spaziergang« wurde die EM-Qualifikation für die Deutschen gerade nicht – Waliser, Belgier und sogar die Luxemburger machten dem amtierenden Fuball-Weltmeister den Weg nach Schweden schwer (im Bild mühen sich Sammer und Völler, den Sturmlauf des Belgiers Vilmots zu stoppen). Doch mit dem 1:0-Sieg im Rückspiel gegen Belgien am 20. November '91 in Brüssel wurde die Fahrkarte in den hohen Norden bestellt, eingelöst wurde sie gegen Luxemburg am 18. Dezember '91 in Leverkusen (4:0).

Als der luxemburgische Trainer Philippe behauptete, »wir hätten gewinnen müssen«, widersprach keiner. Und Entschuldigungen ließen sich schwer finden für diese kopflose Art des Fußballspiels mit einem Ergebnis, das Bundestrainer Vogts »eine Blamage und eines Weltmeisters nicht würdig« nannte. Matthäus mochte nichts beschönigen: »Wenn man die Mannschaft betrachtet: zwei Neulinge und neun Weltmeister, nein, da kann jeder Fußball spielen, das hat nur mit der richtigen Einstellung zu tun.« Zum erstenmal dabei war der Münchner Strunz, der mochte die Schuld an der Misere »nicht einfach auf die älteren und erfahrenen Spieler schieben«, sondern allen gleichermaßen zuweisen: »Es muß jeder seine Arbeit verrichten, die er aufgetragen bekommt.« Weil das nicht geschah, ging es drunter und drüber. Im Mittelfeld, das der Frankfurter Libero Binz übervölkern half, wurde es deutlich, ehe die Luxemburger aufbegehrten. Die lasche Spielweise, von Berthold bis zur schieren Teilnahmslosigkeit getrieben, rächte sich. Und während rings ums Stadion die Polizei sich des randalierenden Pöbels zu erwehren versuchte, der die kleine Fußballarena von außen unter Beschuß genommen hatte, stieg drinnen der Mailänder Mittelfeldmann Brehme vorsichtig über zerbrochene Flaschen, Bierkästen und geplatzte Würstchen und bekannte reumütig: »Da haben wir uns ganz schön blamiert.«

Die ersten beiden Punkte waren gewonnen, verspielt war aber ziemlich viel weltmeisterliches Ansehen. Doch das war längst vergessen, als die deutsche Mannschaft am 1. Mai 1991 im Niedersachsenstadion von Hannover auf die Belgier traf, die mit 3:3 Punkten schon ins Hintertreffen geraten waren. Das geschah erneut, als in der dritten Spielminute Matthäus von der rechten Seite aus eine Flanke schlug und den Weg des Balles geahnt zu haben schien, denn er erwischte die abgeprallte Lederkugel und schoß. Torhüter Preud'homme wehrte ab, Völler setzte nach, beförderte den Ball ins Netz und jubelte. Nachher gab Völler zu, er habe wohl gesehen, daß der Ball beim Schuß von Matthäus jenseits der Torlinie gewesen sei, »aber ein Stürmer läßt sich nicht so einfach ein Tor wegnehmen«. Der jugoslawische Schiedsrichter Petrovic verhalf später Matthäus zu seinem Recht: »Der kam zu mir und hat gesagt, das Tor wird Ihnen gutgeschrieben.« Es war sein 41. Treffer im Nationaltrikot.

■ Im Schongang gegen Belgien

Mit der schnell erzielten Führung hatte das DFB-Team dem Volk auf den ausverkauften Rängen den Mund wässrig gemacht, dann aber nur noch schale Kost serviert. Gut, es fehlten die verletzten Kohler und Buchwald, beide Mittelverteidiger also, und Vogts ließ den Hamburger Beiersdorfer debütieren, denn er sagte, er brauche für das Spiel gegen Wales in Cardiff »zwei Manndecker, zwei hervorragende Kopfballspieler«. Und so ganz furchtbar schlecht hat keiner gespielt, aber auch niemand richtig gut, lediglich Brehme und Sammer belebten die linke Hälfte des Mittelfelds, und Berthold überzeugte als Libero. Kein Wunder, daß die Zuschauer ihren Unmut mit Pfiffen bekundeten und dafür vom Teamkapitän Matthäus gerügt wurden: »Pfiffe motivieren keine Mannschaft.«

Öffentlich streng getadelt hat Vogts nur Klinsmann, dessen Darbietung er so bewertete: »Das war eines Nationalspielers nicht würdig.« Der gerügte Stürmer verteidigte sich mit dem Hinweis, er habe sich zwei Tage zuvor »im Training das Sprunggelenk verzogen, die Bewegungsfreiheit war eingeschränkt, und in typischen Situationen fehlte die Sicherheit zum Dribbling«. Auch Völler, Brehme und Häßler kickten leicht lädiert, »sie wollten die Spritze«, erläuterte der Bundestrainer. Ausgepowert vom Europacup und nicht im Vollbesitz der Kräfte, wurde »italienisch« gespielt, auf Ergebnis halten also. Vogts lakonisch: »Solche Spiele muß man eben gewinnen.«

Rechts: Das EM-Qualifikationsspiel am 5. Juni '91 gegen Wales in Cardiff (rechts: Klinsmann in Aktion) endete mit der ersten Niederlage des Weltmeisters (0:1) – ein letztlich heilsamer Schock auf dem Weg nach Schweden. Dort hatte nach vier Jahren EM-Urlaub endlich wieder das Europameisterschafts-Maskottchen »Berni« seinen Auftritt (unten), das nach Bern benannt ist, dem Hauptsitz der UEFA.

Die britische Journaille pflegt eine skurrile Vorliebe für die martialische Sprache in der Sportberichterstattung, und es wäre deshalb nicht verwunderlich gewesen, daß der »Daily Star« die deutsche Fußballmannschaft als »Panzerdivision« ins National-Stadion das Cardiff Armo Park einrollen sah.

■ Die erste Niederlage des Weltmeisters

Daß die aber ein gewisser »Sour Kraut Bertie« befehligte und dieser Sauerkraut-Berti (Schlagzeile: »I'll fight dirty«) einen schmutzigen Kampf angekündigt hatte, machte das Maß voll. Reichlich Munition geliefert hatte der Oberkommandierende der vereinigten deutschen Kicker allerdings mit dem Hinweis, er fordere vom Schiedsrichter, daß der seine Spieler schütze, denn, so Klinsmann: »Die treten auf alles, was sich bewegt«, er aber sei »nicht der Typ, der sich noch bedankt für die Schläge. Es kann passieren, daß ein Punkt erreicht wird, wo es eine zurückgibt«. Als Mann der Tat erwies sich gegen die Waliser dann allerdings Berthold. Als Ratcliffe ihn foulte, schlug der Getroffene zurück und wurde von Schiedsrichter Karlsson aus Schweden mittels der Roten Karte verabschiedet. »Der hat zweimal voll getreten«, maulte Berthold, doch Vogts kannte so wenig Pardon wie Karlsson: »Der Schiedsrichter hat es gesehen, wir alle haben es gesehen, das war ein klarer Platzverweis.« Von Berthold mochte der Bundestrainer nichts mehr wissen, »mit dem rede ich auf dieser Reise nicht mehr«. Es war Bertholds vierter Ausschluß, der zweite im DFB-Trikot, die Sperre fiel dementsprechend aus: vier Spiele. Aus der Traum für ihn von der Europameisterschaft.

Mit einem Spieler weniger verlor die deutsche Mannschaft 0:1. Elf Minuten nach dem Platzverweis schlug Bodin einen Steilpaß und Rush traf entscheidend. Der verletzt draußen sitzende Matthäus hatte das Unheil kommen sehen, »wir haben uns nicht so angestellt, wie es hätte sein sollen«. Denn die beiden Abwehrmänner Kohler und der für Berthold eingewechselte Reuter hatten beim Konter den Ball verloren, und Buchwald kam sich alleingelassen vor. Er mußte sich blitzschnell für Hughes oder Rush als Adressat entscheiden und wandte sich dem falschen zu. Vogts nahm ihn in Schutz: »Zwei Abwehrspieler in den vorderen Positionen, das darf bei einem Auswärtsspiel gerade mit zehn Mann nicht passieren.« Den Bundestrainer traf die Fehlleistung hart, denn er hatte sich für die defensive Beckenbauersche WM-Taktik entschieden. Matthäus gab Vogts Hilfestellung: »Natürlich kann man sagen, daß wir

mit einem Defensivmann zuviel gespielt haben, aber so sind wir 1974 gegen Holland ins Endspiel gekommen.« Aber nur, weil Disziplin als oberstes Gebot galt und allesamt in Hochform kickten, was für Cardiff nicht galt. Klinsmann war nach der Niederlage »ein bißchen betrübt, wenn man die Tabelle sieht«, Vogts mochte bei diesem Anblick »sogar Angst bekommen«: Wales vorneweg mit 6:2 Toren und 7:1 Punkten, Deutschland hinterher mit 4:3/4:2.

»Die letzten werden die ersten sein«, schien Bundestrainer Berti Vogts zu denken, als er nach der Auslosung der EM-Gruppen in Göteborg seinen Finger auf das Tabellen-»Schlußlicht« Germany setzte. Die internationale Sportpresse sprach von einem »Glückslos« für die deutsche Mannschaft, doch immerhin traf der Weltmeister in Gruppe 2 mit dem Europa- und dem Vize-Europameister zusammen.

Der Preis für den Sieger: der Henri-Delaunay-Pokal, benannt nach einem der Mitbegründer des französischen Fußballverbands sowie der Dachorganisation UEFA (Union Européenne de Football Association, Europäischer Fußballverband).

Mit der Ausrichtung der EM '92 rückte Schweden erstmals seit 1958, als es Gastgeber der V. Fußball-Weltmeisterschaft war, wieder in den Mittelpunkt der Fußball-Welt.

Es war schon Herbst, als es im Nürnberger Frankenstadion zur Revanche kam, und Bundestrainer Vogts kündigte an, diesmal nicht viel Worte zu machen: »Es wird die kürzeste Mannschaftssitzung überhaupt, ich muß nur sagen, geht raus und gewinnt. Jeder weiß, was zu tun ist.« Keine Rede

■ Revanche für Cardiff dank Deutschlands Römern

mehr vom Taktieren, es galt, die Flucht nach vorn anzutreten, Vogts setzte dabei auf die Angreifer Doll und Riedle von Lazio Rom sowie Völler (AS Rom). Es lief wie geschmiert. Jeder von denen traf einmal, Völler und Riedle per Kopfball, Doll im Nachschuß, »die Krönung meiner bisherigen Laufbahn« sei das gewesen, versicherte der Schütze. Kein Wunder, daß der »Corriere della Sera« den 4:1-Sieg bejubelte: »Die Achse AS Rom-Lazio fegt die Angst Deutschlands weg.« »Gazzetta dello Sport« setzte noch eins drauf: »Doll, Riedle, Völler, das ist Deutschland.«
Na ja, nicht ganz, nicht allein. »Auch der Kapitän ordnete sich dem Erfolgskonzept unter«, titelte die Münchner »Süddeutsche Zeitung«, und würdigte die besondere Rolle von Matthäus, dem Vogts zugemutet hatte, den Geh-her-da für Möller zu spielen, damit der alle Freiheiten nach vorne nutzen konnte. Vogts: »Er hat sich für die Elf geopfert, wie das von einem echten Kapitän erwartet wird; bewundernswert, daß der Weltfußballer des Jahres sich nicht zu schade ist, hinten für Möller zu arbeiten.«
»Das beste Spiel seit der WM« hatte Vogts gesehen und bei dieser Bewertung schon wieder vergessen, daß er sich über den Leistungsabfall während der letzten 20 Minuten geärgert hatte, ebenso über den Strafstoß, den der eingewechselte und ausgepfiffene Effenberg an Rush verschuldete und der zum 4:1 durch Bodin führte. Sogar dar walisische Trainer Yorath gab zu: »Deutschland hat den besten Fußball geboten, den ich seit langem gesehen habe. Sie hätten heute jedes Team der Welt geschlagen.« Mit 6:2 Punkten stand des DFB-Team in der Gruppe 5 potentiell besser da als Wales (7:3), aber Vogts sah »noch eine hohe Hürde« in Brüssel gegen Belgien. Doch sprach Zuversicht und Selbstvertrauen aus seinen Worten: »Man hat heute gesehen, wer in dieser Gruppe die dominierende Mannschaft ist.« Der Bundestrainer hat Recht behalten. Als Beckenbauer schon abgetreten war, hat der Nachfolger bisweilen noch unter seinem großen Vorbild und dessen Kommentaren gelitten und Dackelfalten im Gesicht getragen. Er hat sich inzwischen liften lassen . . .

Qualifikationsspiele der IX. Fußball-Europameisterschaft

Gastgeber Schweden ist automatisch qualifiziert.

GRUPPE 1

Island – Albanien	2:0
Island – Frankreich	1:2
ČSFR – Island	1:0
Spanien – Island	2:1
Frankreich – ČSFR	2:1
ČSFR – Spanien	3:2
Albanien – Frankreich	0:1
Spanien – Albanien	9:0
Frankreich – Spanien	3:1
Frankreich – Albanien	5:0
Albanien – ČSFR	0:2
Albanien – Island	1:0
Island – ČSFR	0:1
ČSFR – Frankreich	1:2
Island – Spanien	2:0
Spanien – Frankreich	1:2
ČSFR – Albanien	2:1
Spanien – ČSFR	2:1
Frankreich – Island	3:1

Albanien – Spanien wurde nicht mehr ausgetragen

TABELLE

1. Frankreich	8	20: 6	16- 0
2. ČSFR	8	12: 9	10- 6
3. Spanien	7	17:12	6- 8
4. Island	8	7:10	4-12
5. Albanien	7	2:21	2-12

Qualifiziert: Frankreich

GRUPPE 2

Schweiz – Bulgarien	2:0
Schottland – Rumänien	2:1
Rumänien – Bulgarien	0:3
Schottland – Schweiz	2:1
Bulgarien – Schottland	1:1
San Marino – Schweiz	0:4
Rumänien – San Marino	6:0
Schottland – Bulgarien	1:1
San Marino – Rumänien	1:3
Schweiz – Rumänien	0:0
Bulgarien – Schweiz	2:3
San Marino – Schottland	0:2
San Marino – Bulgarien	0:3
Schweiz – San Marino	7:0
Schweiz – Schottland	2:2
Bulgarien – San Marino	4:0
Rumänien – Schottland	1:0
Schottland – San Marino	4:0
Rumänien – Schweiz	1:0
Bulgarien – Rumänien	1:1

TABELLE

1. Schottland	8	14: 7	11- 5
2. Schweiz	8	19: 7	10- 6
3. Rumänien	8	13: 7	10- 6
4. Bulgarien	8	15: 8	9- 7
5. San Marino	8	1:33	0-16

Qualifiziert: Schottland

GRUPPE 3

UdSSR – Norwegen	2:0
Norwegen – Ungarn	0:0
Ungarn – Italien	1:1
Ungarn – Zypern	4:2
Italien – UdSSR	0:0
Zypern – Norwegen	0:3
Zypern – Italien	0:4
Zypern – Ungarn	0:2
Ungarn – UdSSR	0:1
Italien – Ungarn	3:1
Norwegen – Zypern	3:0
UdSSR – Zypern	4:0
Norwegen – Italien	2:1
Norwegen – UdSSR	0:1
UdSSR – Ungarn	2:2
UdSSR – Italien	0:0
Ungarn – Norwegen	0:0
Italien – Norwegen	1:1
Zypern – UdSSR	0:3
Italien – Zypern	2:0

TABELLE

1. UdSSR	8	13: 2	13- 3
2. Italien	8	12: 5	10- 6
3. Norwegen	8	9: 5	9- 7
4. Ungarn	8	10: 9	8- 8
5. Zypern	8	2:25	0-16

Qualifiziert: UdSSR (GUS)

GRUPPE 4

Nordirland – Jugoslawien	0:2
Färöer – Österreich	1:0
Dänemark – Färöer	4:1
Nordirland – Dänemark	1:1
Jugoslawien – Österreich	4:1
Dänemark – Jugoslawien	0:2
Österreich – Nordirland	0:0
Jugoslawien – Nordirland	4:1
Jugoslawien – Dänemark	1:2
Nordirland – Färöer	1:1
Jugoslawien – Färöer	7:0
Österreich – Färöer	3:0
Dänemark – Österreich	2:1
Färöer – Nordirland	0:5
Färöer – Dänemark	0:4
Österreich – Dänemark	0:3
Färöer – Jugoslawien	0:2
Nordirland – Österreich	2:1
Dänemark – Nordirland	2:1
Österreich – Jugoslawien	0:2

TABELLE

1. Jugoslawien	8	24: 4	14- 2
2. Dänemark	8	18: 7	13- 3
3. Nordirland	8	11:11	7- 9
4. Österreich	8	6:14	3-13
5. Färöer	8	3:26	3-13

Qualifiziert: Jugoslawien; nachgerückt: Dänemark (nach Aussperrung Jugoslawiens durch die FIFA und die UEFA am 31. Mai '92)

Vor ihrer Reise nach Schweden bekamen es die Deutschen in der Qualifikationsrunde mit den Belgiern, Luxemburgern und Walisern zu tun (Bild oben: Völler ante Belgiens portas, Bild rechts: Thomas Helmer und François van der Elst im Dribbel-Duell).

Nach der zweiten 0:1 Niederlage gegen den amtierenden Weltmeister gab Belgiens Nationalcoach Poul van Himst der deutschen Mannschaft ein Kompliment mit auf den Weg: »Für mich seid ihr neben Frankreich der große Favorit in Schweden.«

GRUPPE 5

Wales – Belgien	3:1
Luxemburg – Deutschland	2:3
Luxemburg – Wales	0:1
Belgien – Luxemburg	3:0
Belgien – Wales	1:1
Deutschland – Belgien	1:0
Wales – Deutschland	1:0
Luxemburg – Belgien	0:2
Deutschland – Wales	4:1
Wales – Luxemburg	1:0
Belgien – Deutschland	0:1
Deutschland – Luxemburg	4:0

TABELLE

1. Deutschland	**6**	13: 4	10- 2
2. Wales	**6**	8: 6	9- 3
3. Belgien	**6**	7: 6	5- 7
4. Luxemburg	**6**	2:14	0-12

Qualifiziert: Deutschland

GRUPPE 6

Finnland – Portugal	0:0
Portugal – Niederlande	1:0
Griechenland – Malta	4:0
Niederlande – Griechenland	2:0
Malta – Finnland	1:1
Malta – Niederlande	0:8
Griechenland – Portugal	3:2
Malta – Portugal	0:1
Portugal – Malta	5:0
Niederlande – Malta	1:0
Niederlande – Finnland	2:0
Finnland – Malta	2:0
Finnland – Niederlande	1:1
Portugal – Finnland	1:0
Finnland – Griechenland	1:1
Niederlande – Portugal	1:0
Griechenland – Finnland	2:0
Portugal – Griechenland	1:0
Griechenland – Niederlande	0:2
Malta – Griechenland	1:1

TABELLE

1. Niederlande	**8**	17: 2	13- 3
2. Portugal	**8**	11: 4	11- 5
3. Griechenland	**8**	11: 9	8- 8
4. Finnland	**8**	5: 8	6-10
5. Malta	**8**	2:23	2-14

Qualifiziert: Niederlande

GRUPPE 7

England – Polen	2:0
Irland – Türkei	5:0
Irland – England	1:1
Türkei – Polen	0:1
England – Irland	1:1
Polen – Türkei	3:0
Türkei – England	0:1
Irland – Polen	0:0
Polen – Irland	3:3
England – Türkei	1:0
Türkei – Irland	1:3
Polen – England	1:1

TABELLE

1. England	**6**	7: 3	9- 3
2. Irland	**6**	13: 6	8- 4
3. Polen	**6**	8: 6	7- 5
4. Türkei	**6**	1:14	0-12

Qualifiziert: England

Bild links: Einmal mehr Völler ante portas, diesmal vor dem Tor der Luxemburger, die den Deutschen im Hinspiel ein wackeres 2:3 abtrotzen konnten. Noch enger wurde es gegen die Waliser (Bild rechts: Kapitän Matthäus verzettelt sich im Nahkampf mit Nicholas und Horne), die dem Weltmeister im Hinspiel in Cardiff die erste Niederlage bereiteten (0:1), im Rückspiel in Nürnberg allerdings mit einem überzeugenden 4:1 aus dem EM-Rennen geworfen wurden.

Bild links: Jürgen Klinsmann erzielt das 1:0 gegen Luxemburg im ersten Spiel der Qualifikationsrunde (31. Oktober '90), in der die deutsche Nationalmannschaft nicht nur Lorbeeren, sondern auch manch herbe Kritik des Bundestrainers erntete.

Doch am Ende konnte der »Terrier« von dazumal seinen Daumen wohlgefällig nach oben strecken (Bild oben): »In dieser schweren Qualifikationsgruppe sind wir durchgestartet, in Schweden müssen wir erst einmal geschlagen werden.«

Chronik der Fußball-Europameisterschaften

Die ersten beiden Wettbewerbe 1959/60 und 1963/64 waren noch als »Europapokal der Nationen« gewertet worden. Ab 1966/68 wurde der Wettbewerb zur offiziellen Europameisterschaft. Seit 1982/84 wird das Spiel um den dritten Platz nicht mehr ausgetragen.

EM 1960 IN FRANKREICH

Halbfinale

Frankreich – Jugoslawien 4:5
ČSSR – UdSSR 0:3

Spiel um Platz 3

ČSSR – Frankreich 2:0

Finale am 10. Juli 1960 in Paris

UdSSR – Jugoslawien 2:1 n.V. (1:1, 0:1)

UdSSR: Jaschin; Tschocheli, Krutikow; Woinow, Masljonkin, Netto; Metreweli, Iwanow, Ponedjelnik, Bubukin, Meschi
Jugoslawien: Vidinic; Durkovic, Jusufi; Zanetic, Miladinovic, Perusic; Matus, Sekularac, Galic, Jerkovic, Kostic
Schiedsrichter: Ellis (England)
Tore: 0:1 Galic (41.), 1:1 Metreweli (49.), 2:1 Ponedjelnik (113.)
Zuschauer: 17966

Lew Jaschin, der »Vater« des sowjetischen Sieges über die angriffsstarken Jugoslawen im Finale des »Europapokals der Nationen« 1960 im Pariser Prinzenparkstadion. Dank des legendären russischen Torhüters, der im März 1990 verstarb, wurde die UdSSR der erste Europameister in der Fußballgeschichte.

EM 1964 IN SPANIEN

Halbfinale

Spanien – Ungarn 2:1 n.V.
Dänemark – UdSSR 0:3

Spiel um Platz 3

Ungarn – Dänemark 3:1 n.V.

Finale am 21. Juni 1964 in Madrid

Spanien – UdSSR 2:1 (1:1)

Spanien: Iribar; Rivilla, Calleja; Zoco, Olivella, Fuste; Amancio, Pereda, Marcelino, Suarez, Lapetra
UdSSR: Jaschin; Schustikow, Mudrik; Woronin, Schesternew, Anischkin; Tschislenko, Iwanow, Ponedjelnik, Kusejew, Schussainow
Schiedsrichter: Holland (England)
Tore: 1:0 Pereda (5.), 1:1 Schussainow (7.), 2:1 Marcelino (83.)
Zuschauer: 79115

EM 1968 IN ITALIEN

Halbfinale

Jugoslawien – England 1:0
Italien – UdSSR 0:0 n.V.
Italien durch Losentscheid qualifiziert

Spiel um Platz 3

England – UdSSR 2:0

1. Finale

Italien – Jugoslawien 1:1 n.V.

2. Finale am 10. Juni 1968 in Rom

Italien – Jugoslawien 2:0 (2:0)

Italien: Zoff; Burgnich, Facchetti; Rosato, Guarneri, Salvadore; Domenghini, Mazzola, Anastasi, De Sisti, Riva
Jugoslawien: Pantelic; Fazlagic, Damjanovic; Pavlovic, Paunovic, Holcer; Hosic, Trivic, Musemic, Acimovic, Dzajic
Schiedsrichter: Ortiz de Mendibil (Spanien)
Tore: 1:0 Riva (12.), 2:0 Anastasi (32.)
Zuschauer: 32886

EM 1972 IN BELGIEN

Halbfinale

Ungarn – UdSSR 0:1
Belgien – Deutschland 1:2

Was die Deutschen 1972 bei der EM in Belgien boten, wurde von der französischen Sportzeitung »L'Equipe« als »Traumfußball aus dem Jahr 2000« gepriesen. Im Bild die »Traumelf« um Franz Beckenbauer (links) und Günter Netzer (5. von links), die sich im Finale in Brüssel bravourös den Titel gegen die UdSSR erkämpfte.

Spiel um Platz 3

Ungarn – Belgien 1:2

Finale am 18. Juni 1972 in Brüssel

Deutschland – UdSSR 3:0 (1:0)

Deutschland: Maier; Höttges, Schwarzenbeck, Beckenbauer, Breitner; Uli Hoeneß, Wimmer, Netzer; Heynckes, Gerd Müller, Erwin Kremers
UdSSR: Rudakow; Dsodschuaschwili, Churzilawa, Kaplitschnin, Ischtomin; Kolotow, Troschkin, Konkow (46. Dolmatow); Baidatschny, Banischewski (66. Kosinkewitsch), Onitschenkow
Schiedsrichter: Marschall (Österreich)
Tore: 1:0 Gerd Müller (27.), 2:0 Wimmer (52.), 3:0 Gerd Müller (58.)
Zuschauer: 43066

EM 1976 IN JUGOSLAWIEN

Halbfinale

ČSSR – Niederlande 3:1 n.V.
Jugoslawien – Deutschland 2:4 n.V.

Belgrad 1976: Nach einem dramatischen Finale (2:2 nach Verlängerung) besiegte die CSSR die deutsche Elf im Elfmeterschießen mit 5:3. Pechvogel Uli Hoeneß (im Bild) verschoß – aus war der Traum von der Titelverteidigung.

Spiel um Platz 3

Niederlande – Jugoslawien	3:2 n.V.

Finale am 20. Juni 1976 in Belgrad

Deutschland – ČSSR 2:2 n.V. (2:2, 1:2)
3:5 im Elfmeterschießen

Deutschland: Maier; Vogts, Schwarzenbeck, Beckenbauer, Dietz; Wimmer (46. Flohe), Bonhof, Beer (79. Bongartz); Uli Hoeneß, Dieter Müller, Hölzenbein
ČSSR: Viktor; Pivarnik, Capkovic, Ondrus, Goegh; Panenka, Dobias (94. Vesely), Moder; Masny, Svehlik (78. Jurkemic), Nehoda
Schiedsrichter: Gonella (Italien)
Tore: 0:1 Svehlik (8.), 0:2 Dobias (25.), 1:2 Dieter Müller (28.), 2:2 Hölzenbein (90.)
Elfmeterschießen: 0:1 Masny, 1:1 Bonhof, 1:2 Nehoda, 2:2 Flohe, 2:3 Ondrus, 3:3 Bongartz, 3:4 Jurkemic, 3:5 Panenka
Zuschauer: 30790

EM 1980 IN ITALIEN

Gruppe 1

ČSSR – Deutschland	0:1
Niederlande – Griechenland	1:0
Deutschland – Niederlande	3:2
Griechenland – ČSSR	1:3
Niederlande – ČSSR	1:1
Griechenland – Deutschland	0:0

Horst Hrubesch (links), der erst als Ersatz für den verletzten Mittelstürmer Klaus Fischer ins deutsche EM-Aufgebot gelangt war, wurde zum Helden des Turniers (im Bild eine Szene aus dem Spiel gegen die Niederländer). Zum 2:1-Sieg über die Belgier im Finale trug er gleich beide Tore bei.

Gruppe 2

Belgien – England	1:1
Spanien – Italien	0:0
Belgien – Spanien	2:1
England – Italien	0:1
Spanien – England	1:2
Italien – Belgien	0:0

Spiel um Platz 3

ČSSR – Italien	1:1 n.V.
	9:8 im Elfmeterschießen

Finale am 22. Juni 1980 in Rom

Deutschland – Belgien 2:1 (1:0)

Deutschland: Schumacher; Stielike; Kaltz, Karlheinz Förster, Dietz; Schuster, Briegel (55. Cullmann), Hans Müller; Karl-Heinz Rummenigge, Hrubesch, Klaus Allofs
Belgien: Pfaff; Meeuws, Gerets, Millecamps, Renquin; Cools, Vandereycken, van Moer; Mommens (80. Verheyen), Francois van der Elst, Ceulemans
Schiedsrichter: Rainea (Rumänien)
Tore: 1:0 Hrubesch (10.), 1:1 Vandereycken (72., Foulelfmeter), 2:1 Hrubesch (89.)
Zuschauer: 47860

EM 1984 IN FRANKREICH

Die entscheidende Sekunde im Viertelfinalspiel der deutschen Elf gegen Spanien 1984: In der 90. Minute köpft Libero Maceda den Ball zum 1:0-Sieg in den »Kasten« von Toni Schumacher.

Gruppe 1

Frankreich – Dänemark	1:0
Belgien – Jugoslawien	2:0
Frankreich – Belgien	5:0
Dänemark – Jugoslawien	5:0
Frankreich – Jugoslawien	3:2
Dänemark – Belgien	3:2

Gruppe 2

Deutschland – Portugal	0:0
Rumänien – Spanien	1:1
Deutschland – Rumänien	2:1
Portugal – Spanien	1:1
Deutschland – Spanien	0:1
Portugal – Rumänien	1:0

Halbfinale

Frankreich – Portugal	3:2 n.V.
Dänemark – Spanien	1:1 n.V.
	4:5 im Elfmeterschießen

Finale am 27. Juni 1984 in Paris

Frankreich – Spanien 2:0 (0:0)

Frankreich: Bats; Bossis; Le Roux, Domergue; Battiston (73. Amoros), Tigana, Giresse, Platini, Fernandez; Lacombe (80. Genghini), Bellone
Spanien: Arconada; Gallego; Urquiaga, Salva (85. Roberto); Señor, Camacho, Francisco, Victor, Julio Alberto (75. Sarabia); Carrasco, Santillana
Schiedsrichter: Christov (ČSSR)
Tore: 1:0 Platini (57.), 2:0 Bellone (90.)
Zuschauer: 47368
Besonderes Vorkommnis: Rote Karte für Le Roux wegen wiederholten Foulspiels (85.)

EM 1988 IN DEUTSCHLAND

Gruppe 1

Deutschland – Italien	1:1
Dänemark – Spanien	2:3
Deutschland – Dänemark	2:0
Italien – Spanien	1:0
Deutschland – Spanien	2:0
Italien – Dänemark	2:0

Gruppe 2

England – Irland	0:1
Niederlande – UdSSR	0:1
England – Niederlande	1:3
Irland – UdSSR	1:1
England – UdSSR	1:3
Irland – Niederlande	0:1

Halbfinale

Deutschland – Niederlande	1:2
UdSSR – Italien	2:0

Hollands späte Revanche für den deutschen WM-Sieg 1974 in München (2:1) erfolgte im Halbfinale der EM 1988 in Hamburg: Flachschuß Marco van Basten zwei Minuten vor Ende der regulären Spielzeit in Immels linkes Eck zum 2:1 Endstand. Im Bild: Olaf Thon und Erwin Koeman mit Ballkontakt-Problemen.

Finale am 25. Juni 1988 in München

UdSSR – Niederlande 0:2

UdSSR: Dassajew; Chidijatulin; Demjanenko, Litowtschenko; Aleinikow, Sawarow, Michailitschenko, Gozmanow (69. Baltatscha), Raz; Protassow (71. Passulko), Belanow
Niederlande: van Breukelen; Ronald Koeman; van Aerle, Rijkaard; van Tiggelen, Vanenburg, Wouters, Erwin Koeman, Muhren; Gullit, van Basten
Schiedsrichter: Vautrot (Frankreich)
Tore: 0:1 Gullit (33.), 0:2 van Basten (54.)
Zuschauer: 72308

Copyright
1992 by Südwest Verlag
GmbH & Co. KG, München

ISBN 3-517-01314-5

Einbandgestaltung und Stillayout
Rudi Gill, München

Layout und Produktion
Manfred Metzger

Herausgeber
Harry Valérien

Redaktion und Mitarbeiter
Dr. Christian Zentner

Amelie Albrecht
Stefanie Eckert
Mathias Forster

Schlußredaktion
Martin Rasper

Autoren
Peter Burghardt
Sven Busch
Hans Eiberle
Detlef Hacke
Josef Kelnberger
Walter Lutz
Josef Metzger
Gerhard Waldherr

Fotos
Sven Simon, Essen (120)
Lorenz Baader, München (95)
Allsport, New York
dpa, Frankfurt
Votava, Wien
Zimmi-Press, Lugano

Technik
Satz, Repro und Druck:
Karl Wenschow GmbH,
München

Einband:
Buchbinderei R. Oldenbourg,
München

PLAY